大学生自我管理

教育与实践

（岗位体验）

主编◎何　兴　敬　帅

图书在版编目（CIP）数据

大学生自我管理教育与实践．岗位体验 / 何兴，敬帅主编．一 成都：四川大学出版社，2023.9

ISBN 978-7-5690-6320-2

Ⅰ．①大… Ⅱ．①何… ②敬… Ⅲ．①大学生一自我管理一研究 Ⅳ．①G645.5

中国国家版本馆 CIP 数据核字（2023）第 152275 号

书　　名：大学生自我管理教育与实践（岗位体验）

Daxuesheng Ziwo Guanli Jiaoyu Yu Shijian (Gangwei Tiyan)

主　　编：何　兴　敬　帅

选题策划：王小碧

责任编辑：王小碧

责任校对：谢　鋆

装帧设计：墨创文化

责任印制：王　炜

出版发行：四川大学出版社有限责任公司

地址：成都市一环路南一段 24 号（610065）

电话：（028）85408311（发行部）、85400276（总编室）

电子邮箱：scupress@vip.163.com

网址：https://press.scu.edu.cn

印前制作：成都墨之创文化传播有限公司

印刷装订：成都市新都华兴印务有限公司

成品尺寸：170mm×240mm

印　　张：12

字　　数：171 千字

版　　次：2023 年 9 月 第 1 版

印　　次：2023 年 9 月 第 1 次印刷

定　　价：39.00 元

扫码获取数字资源

四川大学出版社
微信公众号

前言 Preface

人才是一个国家发展的基础。国家发展靠人才，民族振兴靠人才。改革开放40多年，中国特色社会主义进入了新时代，我国经济发展也进入了新时代，新时代对人才的需求亦随之改变。新时代的发展需要"新人才"：德智体美劳全面均衡发展，具备较高的自我管理水平，能够独立自主地处理学习、工作和生活之间的关系，能将个人各项特点和能力有机结合。

高等学校作为人才培养的重要场所，肩负着为国家建设和发展输送人才的重要责任和使命。新时代党和国家对高等学校人才培养、学生管理也提出了新要求。中华人民共和国教育部令第41号《普通高等学校学生管理规定》第一章第三条指出，学校要科学管理，健全和完善管理制度，规范管理行为，将管理与育人相结合，不断提高管理和服务水平；第一章第五条明确提出实施学生管理应鼓励和支持学生实行自我管理、自我服务、自我教育、自我监督。大学生自我管理是高校大学生管理工作的重要组成部分，是高校治理方式和治理能力的重要载体。高校如何利用自身资源和优势，开展好大学生自我管理工作，培养符合新时代需求的人才，是新时代高等教育的重要命题。

在我国高等教育改革发展历程中，为把大学生培养成合格的社会主义建设者和可靠接班人，教育工作者在大学生自我管理方面付出了大量的心血和精力，采取了许多有效措施，进行了许多尝试和探索。但受环境、观念、资源、投入等因素的限制和影响，在这个过程中若没有激发大学生的主观能动性，没有发挥大学生“自我”的主观作用，忽视了大学生自我管理能力的培养，大学生缺乏自我认知教育、无法自我调控，那教育工作者采取的各种教育措施的效果将大打折扣，大学生自我管理教育的实际效果也会明显降低。

因此，在新时代背景下，高校大学生管理工作应创新学生管理工作理念，要坚持以“学生为中心”的教育理念，变学生管理为学生自我管理，师生共同参与、团结协作，在学生管理与自我管理中不断加强学生教育和学生自我教育、学生服务和学生自我服务，达到管理育人与管理育己的统一，以实现新时代高等教育的人才培养目标。

在学校范围内，为当代大学生创造一些管理岗位即大学生自治管理岗位，并制定相应的管理制度，引导大学生进行自我管理，是高校大学生实行自我管理的有效实践途径。如有些学院设立校大学生自我管理与服务委员会，该委员会隶属校党委学工部，是一个面向校内大学生开展自我教育、自我管理、自我服务的学生自治组织，为给广大学生提供了锻炼自我的平台。

大学生自治管理岗位是由大学生自己管理的岗位。这些岗位通常由学生自愿申请，并经过选拔和培训后担任。高校设置大学生自治管理岗位的目的是让学生在管理和服务中学习和成长，并为学校的发展做出贡献。大学生自治管理岗位的类型很多，包括学生会、社团、宿舍管理、教学管理等。这些岗位的职责也各不相同，但通常都涉及学生事务的管理和服务，如组织活动、协调工作、提供支持等。在大学生自治管理岗位上，学生可以学习到许多有用的技能，如沟通能力、组织能力、领导力、协调能力等。这些技能不仅有助于学生在今后的学习和工作中取得成功，还能帮助学生建立良好的人际关系和社会网络。总的来说，大学生自治管理岗位对于大学生来说是一个非常有价值的学习和成长机会，可以帮助学生提高能力、增强经验，并为未来的职业发展打下坚实的基础。

大学生自治管理岗位体验是大学生活的重要内容，在促进大学生全面发展中起着重要作用。高校在开展大学生自治管理岗位体验实践时应坚持丰富性原则、和谐性原则、主体性原则和针对性原则。

绵阳城市学院在教育综合改革的过程中，十分重视大学生的自主管理；在培养学生自主管理的过程中，开发了一系列特色化的自我管理、自我服务、自我价值实现教育课程，目的是通过课程来实现“教中做”“做中学”“学中悟”的育人目标，最终达到培养“有理想、多专多能、创造型”人才的育人成效。

《大学生自我管理教育与实践（岗位体验）》一书重点阐释大学生自我管理相关内容，帮助大学生树立正确的自我管理思想，增强大学生的自我管理能力，提高大学生的道德修养，落实德智体美劳全面发展的教育要求。本书分别从树立自我管理观念、培育自我管理品质、提升自我管理能力、崇尚自我管理实践、增强自我管理素养、实现自我价值等方面阐述了自我管理思想、自我管理实践、办公技能、职场礼仪、应用写作等相关内容；旨在培养学生自主管理的工作态度、服务意识，激发学生的自主管理积极性，使学生实现自我管理、自我教育、自我服务的目标，并在自我管理的过程中体现自我价值。

由于时间仓促，再加之作者水平有限，书中难免存在不妥、不足或错误之处，恳请读者谅解并批评指正。

敬 帅

2023 年 8 月

目录 Contents

DAXUESHENG
ZIWO GUANLI JIAOYU YU SHIJIAN
（GANGWEI TIYAN）

第一章 大学生自我管理概述

据教育部统计，2020—2023 年我国大学生毕业人数分别约为 874 万、909 万、1076 万、1158 万，未来一个时期，我国仍将面对巨大的就业增大压力。在大学生毕业人数众多的背景下，大学生面临着前所未有的激烈竞争，如何提升自身的综合能力？如何从竞争者中脱颖而出？希望大家能从本章找到答案。本章将对大学生自我管理进行系统的介绍和探究。

大学生自我管理是指大学生为了实现高等教育的培养目标以及满足社会日益发展对个人素质的要求，充分调动自身的主观能动性，卓有成效地利用和整合自我资源（身体、心理、时间、信息、思想和行为等），运用科学管理方法而开展的自我认知、自我计划与组织、自我监控、自我开发与自我教育等一系列的活动。[1]

1　李满林 . 大学生自我管理的内容及类型 [J]. 辽宁教育行政学院学报，2007（5）：175-176.

第一节　自我管理的基本内涵

自我管理（self-management）又称为自我控制，是利用个人内在力量改变行为的策略，普遍运用于减少不良行为与增加良好行为的出现。自我管理注重的是一个人的自我教导及自我控制，即行为的制约是受自己的内控力量，而非教师、家长等传统的外在力量。自我管理涉及对时间、任务、情绪和行为等的有效管理。它要求个体具备良好的自律性、目标设定能力、时间管理技巧、情绪调控能力等，以便更好地应对挑战和压力，实现个人成长和成功。

一、自我管理的定义

当今学术界主要从心理学、哲学和管理学等范畴对自我管理进行探讨和研究。

◎（一）心理学范畴的自我管理

自我管理是个体通过自我控制、自我调节和自我激励等方式有效地管理自己的行为、情绪和思维，以达到个人目标的过程。

以弗洛伊德为代表的精神心理学派认为自我管理是自我对于“本我”和“超我”的协调，自我管理的目的是使用社会更接受的方式，满足人的生物本能，从而有效避免内疚。[1]

心理学家斯滕伯格（Sternberg）和维格纳（Wagner）在研究中发现，有效的自我管理技能可以使他们在生活的各个方面取得成功，从而强调自我管理的重要性。这种自我管理需要人为发现或创设良好的外部环境，方能获得有效的自我知识，提升自我意识，最终提高自我管理水平。[2]

1　弗洛伊德 . 弗洛伊德文集：第八卷 [M]. 汪凤炎，郭本禹，译 . 北京：九州出版社，2014.

2　李晨园 . 自我管理视角下的研究生奖助制度研究 [J]. 社会科学，2020（1）:13.

◎（二）管理学范畴的自我管理

美国管理学家彼得·杜拉克在《21 世纪的管理挑战》中论述了自我管理问题。他认为，随着知识经济的兴盛，知识工作者成为社会的主导阶层，对知识工作者的管理必须顺应他们的特点，使他们从管理的客体变成管理的主体。[1]

我国学者郭海龙认为，自我管理是一个管理过程，即由自我认识、自我设计、自我学习、自我协调和自我控制等步骤连贯而成的管理过程。[2]

◎（三）哲学范畴的自我管理

哲学领域研究的自我管理，是对传统管理理论和实践进行深刻反省后的产物，它将管理的对象由外部移到内部，转到人自身，将管理主体与客体融合为一人。自我管理是指个体在社会活动中，主我能动性地对客我进行体察和反思、调整和改造，处理自我矛盾，实现自我协调与自我发展以及与组织和社会良性互动关系的实践方式。[3]

综上所述，自我管理是心理学、管理学、哲学等多领域的重要研究内容。通过对当下自我管理相关内容进行综合分析，笔者认为，自我管理是个人以自己合理的价值观为基础，提出目标，并整合时间、知识、技能、信息、情绪、情感等方面的资源，调节控制自己的心理活动和行为，实现个人目标的过程。

第二节　大学生自我管理现状与改进策略

笔者在前期的研究工作中，对三所高校的学生、教职工开展过大学生自我管理现状问卷调查。本次调查共发放问卷 3667 份，其中，参与调查的教职

1　彼得·杜拉克 .21 世纪的管理挑战 [M]. 刘毓玲，译 . 北京：生活·读书·新知三联书店，2000.

2　郭海龙 . 国内自我管理研究存在的问题与出路 .[J]. 重庆社会科学，2005，12（1）：93-96.

3　李方，刘金亮 . 当代视阈下的大学生自我管理研究 [M]. 北京：中国书籍出版社，2016.

工 201 名，大学生 3466 名。

本次调查结果显示：45. 33% 的大学生表示已经参与到了大学生自我管理工作中，43. 25% 的大学生认为目前大学生自我管理重管理、轻服务，26. 57% 的大学生认为目前大学生自我管理模式不健全，82. 54% 的大学生希望学校推行大学生自我管理并愿意参与到自我管理的工作中，81. 59% 的教职工同样希望学校推行大学生自我管理。

一、大学生自我管理现状

结合调研成果、问卷采集数据、相关理论研究和实际工作经验，笔者对大学生自我管理现状得出如下结论。

◎（一）当前大学生自我管理能力不足

大学生在进入大学前，很多事情皆有学校和家长双方的严格管理和约束，长时间处于被管理的地位，没有自我管理经历，导致他们在学生就业、生活方面等的自我管理中存在明显的行动力不够、能力不足。[1] 这种不足主要体现在行为习惯管理、学习管理、时间管理、职业规划管理、情绪管理、自我认知、目标管理等方面。

◎（二）大学生自我管理理念缺乏创新、管理手段落后

我国高校学生管理理念陈旧、手段落后，缺乏创新精神。石智生认为出现该现象的原因之一是高校过于重视教育，对于管理存在轻视现象。[2] 传统的大学生管理无法满足新时代教育事业发展的需求。

◎（三）大学生自我管理体系混乱

高校学生管理工作范围广、管理内容复杂，导致学生在开展自我管理时

1 席仪琳，徐红，张欣柳，等 . 新时代背景下大学生自我管理情况研究 [J]. 长江丛刊，2021（8）：50-51.

2 石智生 . 民办高校学生管理工作的特点和对策研究 [J]. 广西科技师范学院学报，2017（2）：29.

会涉及多部门；而各部门之间交叉运行时规章制度不统一或缺乏强有力的沟通和协作，易导致学生自我管理开展困难。大学生自我管理体系混乱不堪，不利于大学生自我管理工作的开展。大学生自我管理需建立更为宽松的自我管理环境，充分发挥大学生个体主观能动性。

◎（四）缺乏大学生自我管理评价体系

高校在学生自我管理实施过程中，对自我管理成效的评价制度不够完善，评价体系的主体单一，评价方式单一，多采用“单向度的教师评价”形式对学生自我管理进行评价，忽视了学生主体的评价，制约了评价主体与评价客体的交流互动。大学生自我管理成效考核应以学校、教师、学生、家长意见共同组成，才能体现评价体系的客观公正性。

◎（五）缺乏以大学生终身发展为目标的长效机制

大学生自我管理应发挥高等教育终身育人特殊属性。目前大多大学生自我管理只局限于学生在校时间段，没有以学生终身发展为目标，忽视了学生毕业后对自身发展的需求。

◎（六）大学生自律性参差不齐

自律是自我管理的关键要素。一些大学生展现了良好的自律性，能够自我约束和激励，按照计划推进工作。然而，还有一部分大学生自律性不够，或者欠缺自律，容易受到外部干扰或放松对自己的要求。

二、大学生自我管理改进策略

新时代，大学生自我管理应以创新学生自我管理工作理念、手段为途径，以优化调整学生管理体系为突破，以大学生十年职业生涯规划为指导，以管理人员专业化、职业化建设及学生价值观培养为抓手，以科学公正的大学生自我管理评价体系为保障，增强大学生自我管理能力，促进大学生综合素质养成，切实提高高校人才培养质量。

◎（一）创新大学生自我管理工作理念、手段

大学生自我管理的对象是学生，因此大学生自我管理理念和手段要符合大学生特点，有针对性地管理。随着社会、经济的发展，新一代大学生的思想、性格都发生了变化，如果大学生自我管理仍聚焦于传统的单向“教育”理念及手段，必然难以适应新的状况。

◎（二）构建大学生自我管理新体系

目前大多数高校学生自我管理存在漏洞，管理机构分级不明确，经常出现多方参与管理一项事务或某一事务无人管理等现象。大学生自我管理涉及学生、辅导员、学生处、教务处、学院、学校等层面。新时代大学生自我管理必须优化调整学生管理机构，细化各个管理层的责任和义务，构建大学生自我管理新体系，以消除现有高校学生管理服务机构存在的弊端。

◎（三）实施大学生十年职业生涯规划

职业生涯规划对激发大学生自我管理内在动力和实现其人生价值有着举足轻重的作用，各高校必须充分重视大学生职业生涯规划教育，积极探索开展大学生职业生涯规划教育的有效途径，引导大学生实现自己的职业理想。新时代，高校应建立学生十年职业生涯规划制度，采取“4+3+3”模式：大学四年期间的学习计划、职业准备规划，毕业后的三年人生规划和三年毕业生服务。

◎（四）加强管理人员专业化、职业化建设，将学生价值观培养应用在大学生自我管理中

传统的高校学生管理工作是教师管学生；而新时代的大学生自我管理打破了传统观念，是教师带领、指导学生管学生、管自己，扩大了大学生自我管理参与面，形成了大学生是管理者和被管理者的局面。这也对我们管理人员提出了新要求。高校应通过人才培养、专业技能培训、管理人员个人能力提升、管理人员职级制等措施，建立专业化、职业化的管理队伍，为大学生

自我管理提供专业人才保障。一是提升教师队伍能力，保证自我管理指导有力；二是培养学生正确的价值观，保证大学生自我管理在社会主义办学道路上顺利开展；三是落实“为党育人，为国育才”的教育教学任务。

◎（五）建立科学公正的大学生自我管理评价体系

引导大学生建立科学公正的自我管理评价体系，还大学生评价主体地位，使大学生评价主体多元化，让评价从外部转化到内在、从形式转向实质、从被动转向主动，从而真正成为促进大学生全面发展的动力。学校、教师、学生、家长等各方面的评价结果，“劳动教育”“课外阅读”“专业社团”等“第二课堂”的成绩，学生各项考核数据（上课出勤率、寝室卫生情况、考试成绩、活动参与及获奖）等内容共同组成大学生自我管理评价体系数据库，作为大学生自我管理成效考核依据，以保证评价体系科学公正。

【案例分享】

“荣耀绵城”颁奖盛典

“荣耀绵城”颁奖盛典是绵阳城市学院为全面贯彻落实党的二十大精神，落实立德树人根本任务，进一步推进学生自主管理，巩固“三全”育人工作成效，把以“自我教育、自我管理、自我价值体现”为主题的“三自”教育管理体系贯穿于学生管理中，总结学年学生工作取得的成绩，表彰先进，树立典范，调动全校学生比学赶超的积极性，推动学生自主管理建设工作全面深入可持续发展而举办的大学活动。

图 1–1 2023 年“荣耀绵城”颁奖典礼现场

2023 年 6 月 6 日和 8 日晚上，绵阳城市学院分别在游仙和安州两个校区举行了 2022—2023 学年度“荣耀绵城”颁奖盛典。颁奖盛典由校党委主办，学工服务中心、校团委承办，行政服务中心、教学服务中心协办。“荣耀绵城”共设 12 类奖项。其中自治先锋评选标准如下。

一、思想素质方面

坚决拥护中国共产党，理想信念坚定，道德品质高尚，具有较强的社会责任感。

二、自治管理方面

1. 积极参与学生自治管理，担任学生自治管理岗位；

2. 至少主导组织了 1 场具有影响力的活动（线下参与活动的人数达 500 人次以上）；

3. 自觉性高，工作能力强，在学生自治管理方面起到模范带头作用。

三、学习成绩方面

1. 学习态度端正，积极向上；

2. 加权平均绩点排名全年级前 50%，无挂科。

图 1–2 2023 年自治先锋获奖者

第三节　大学生自我管理的内容

如何有效提高大学生的自我管理能力？首先要对大学生自我管理的内容有一个基本的了解和认识。本节将对大学生自我管理的内容进行一个归纳总结，然后对如何有效提高大学生的自我管理能力进行研究和探讨。

我们把大学生的日常生活分为两个部分：物质生活和精神生活。物质生活主要包括衣食住行。精神生活主要包括世界观、人生观、价值观的确立和改造，理想的选择，思想品德的修养，知识的追求和探索，文艺欣赏和娱乐，以及人际社交等。

结合大学生生活现状我们将大学生自我管理进行如下划分。

一、思想政治方面

思想政治方面的自我管理具体包括理想与志向自我管理、思想品德自我管理。

理想与志向是解决大学生困惑的重要力量，能引导大学生走出现实生活中带来的各种困扰，在精神上给予大学生强大的支撑，让他们能够坚定不移地朝着理想前进。大学生理想与志向的自我管理应该从以下几个方面做起：

1. 养成科学的理性思维方式；
2. 确立理性、现实、崇高、健全的人生信仰；
3. 积极实践，发扬艰苦奋斗精神。

培养大学生养成优良的思想品德是思想政治教育工作的重要任务，是学校、学工部门、辅导员的重要日常工作，也是大学生形成正确的世界观、人生观、价值观的迫切需求。

大学生思想品德方面的自我管理，需要通过具体活动实施。除常见的党团组织活动、主题班会、主题教育等，学生还可以参加校内自行组织开展的其他校园活动，这对大学生的思想品德自我管理具有一定帮助。大学生思想品德的自我管理应该从以下几个方面做起：

1. 传承、弘扬、践行社会主义核心价值观；
2. 培养积极的价值取向和人生追求；
3. 树立统一、和谐、利他的人生价值观；
4. 尊重劳动、崇尚劳动、热爱劳动，脚踏实地、艰苦奋斗。

二、纪律方面

纪律方面的自我管理具体包括上课出勤、课堂表现、考试诚信、行为习惯。

纪律是保障高校正常教学活动的必要条件之一，是学生能够安心学习的基础条件。纪律也是大学生自控能力、综合素质方面的重要体现。良好的纪律依赖于自控能力，自控能力能够帮助学生及时发现和反馈自己在学习和生活方面是否符合当代大学生的要求。自我控制的机制一旦形成，大学生自身的自我管理效果、教育成效将大幅提升。

三、学习方面

学习方面的自我管理具体包括学习目标制定、学习计划实施、学习任务完成、学习成果总结、学习习惯养成。

学习是一个需要用脑谋划、用心学习、身体力行的过程，离不开个体的主观能动性。首先，大学生结合专业特点、兴趣爱好、自身特长、实际情况等要素量身制定学习目标；其次，根据目标制订详细的短、中、长期学习计划；再次，将计划划分为具体的某些任务；最后，按计划对自己进行考核评价和总结归纳，形成经验和教训，鞭策自己不断成长。

四、行为习惯方面

大学生自我管理的重点应是养成良好的行为习惯，包括穿着习惯、饮食习惯、作息习惯等。良好的行为习惯会使同学们终生受益，是个体走向成功的必备条件之一。

穿着习惯方面。衣着是展现大学生风貌的重要手段，在一定程度上体现一个人的审美水平和综合素养。男生衣着要干净利落，女生衣着要端庄大方，展示出大学生的青春朝气。

饮食习惯方面。要以身体健康为目的，不暴饮暴食、不酗酒，按时就餐，均衡膳食。

作息习惯方面。大学生宿舍是一个集体空间，需要大家共同维护，才能形成一个良好的学习、生活场所。其关键在于作息规律，按时熄灯睡觉、按时起床。

五、人际交往方面

人际交往指“人们运用语言或非语言符号交换意见、传达思想、表达感情和需要等的交流过程，包括物质交往和精神交往”[1]。

人际交往的主要理论包括社会交换理论、自我表露理论、交往分析理论、需要层次理论。

人际交往的过程包括定向阶段、情感探索阶段、感情交流阶段、稳定交往阶段。

大学生的人际交往具有感情色彩浓、富于理想色彩、交往范围大、平等意识和自主意识强等特点，主要关系有同学关系、师生关系，主要形式包含学习、文娱活动、上网、沙龙聚会、社会实践等，受自身因素、家庭因素、学校因素、社会因素、网络因素等影响。人际交往是个人社会化的必经之路、是获取知识的重要手段、是培养良好个性的需要、是认识自我的途径、是维持心理健康的基本需要、是联系社会的桥梁、是事业成功的重要条件。目前，大学生人际交往主要存在社交自卑、社交自负、社交恐惧、社交封闭、沟通不良、交往功利心过强、对交往过度投入、嫉妒心过强、失去原则等问题。

综合上述情况，大学生人际交往方面的自我管理需要从提高对人际交往的认识、遵守人际交往的基本原则、塑造良好的自我形象、注意人际交往过程中的礼仪、掌握人际交往技巧等方面着手。

【案例分享】

大学生自我管理案例

小王是绵阳城市学院风景园林设计专业的一名大一学生，在大学的第一学期中，因刚进入大学，失去父母管控的日子让他在自由中失去了

1 许德宽，朱俊梅．大学生心理健康教育 [M]. 北京：清华大学出版社，2009.

自我、迷失了方向，最后他学习成绩下滑、生活习惯混乱。绵阳城市学院为实施大学生自我管理，多年来一直在尝试各类方式方法，2023 年上学期实施“人生导师制”，给每位新生都配备了人生导师，小王同学也有自己的专属人生导师。为了改善这种情况，小王同学和他的人生导师根据他的实际情况，共同制定了一份自我管理方案。

首先，小王设定了提高学习成绩和树立健康生活习惯的目标。

接下来，小王制订了计划和时间表。他每天早上设定目标，列出当天要完成的任务，并为每项任务设定时间限制。他将重要且紧急的任务放在优先处理的位置，并合理分配时间和精力。

小王还制订了学习计划。他规划每天的学习时间，并安排不同科目的复习内容。他采用了多种学习方法，如阅读、笔记、思维导图等，以提高学习效率和记忆力。

为了健康生活，小王建立了良好的作息时间表。他确定了每天的起床时间和睡觉时间，并保证每晚有充足的睡眠。他还合理安排饮食，保持均衡饮食，并定期进行锻炼来保持身体健康。此外，他也参与一些社交和兴趣活动，以保持心理健康。

为了提高时间管理能力，小王学会了合理利用碎片时间。他意识到手机是他经常浪费时间的工具，因此他设定了自己使用这些设备的时间，并将闲暇时间用于学习或自我提升。

在自律方面，小王养成了良好的习惯。他按时起床、按时上课、按时完成任务，并且避免拖延行为。他还为自己设定了奖励机制，当他达到一定的学习目标或生活习惯时，他会给自己一些小奖励。

小王主动寻求帮助和支持。他与同学建立了学习小组，大家相互讨论和分享学习经验。他也经常向专业教师、人生导师和辅导员请教问题，并接受他们的指导和建议。

通过不断反思和调整，小王成功地提高了学习成绩，养成了良好的生活习惯。他懂得了如何自主管理自己的时间、学习和生活，这使他在后面的大学生活中取得了更好的成绩和全面发展。

这个案例展示了一个大学生是如何通过自我管理来改善学习和生活的。每个人的情况不同，自我管理方法也会不同，但这个案例可以启发我们思考如何合理规划和组织自己的大学生活，并建立良好的学习和生活习惯。

第四节　大学生自我管理的重要性

一直以来，大学生中普遍存在厌学、逃课、作息不规律、生活能力差、自控能力差、缺乏斗志、理想信念缺失、职业规划不清、同学关系紧张等各类问题。随着新时代大学生对个性的追求，问题学生所占比例也不断在提高。如何有效解决种种问题，降低问题学生比例？除了学校的日常管理和思想政治教育外，最重要的是大学生必须学会为自己负责、学会自我管理。

自我管理起源于临床医学领域，慢性疾病患者通过自我管理逐步实现身体和心理的恢复。随后因其强大应用价值，被其他领域学者窥见，从而被引入教育学、心理学、管理学领域，并在这些领域蓬勃发展。大学生自我管理的重要意义主要体现在学生个人全面发展、社会发展、对高校学生管理工作的影响等方面。

一、大学生自我管理对个人全面发展的重要性

自我管理贯穿个人全面发展的全过程，通过自我管理，个体能在不断的创造性活动中体现个人的优势，培养和造就自我的各种能力，最终实现自我

价值，达到个人的全面发展。

目标是大学生成长的根本方向，实现个人全面发展的关键策略是目标导向。大学生应通过提升自我认知、制定个人规划等方式确定合理的个人全面发展目标；分析自身优势与劣势，明确个人发展的关键性问题，通过围绕个人全面发展的最终目的合理地进行自我设计，制定出个人全面发展的总体目标和阶段性目标。

◎（一）完善自我需要

个体在不断解决自我矛盾的过程中完善自己。大学生的自我管理过程正是个体自我完善的过程。人的自我意识由物质自我、社会自我、精神自我组成。自我意识分为主体自我、客体自我、理想自我、现实自我等形式。主体自我不断认识和改造客体自我，理想自我不断评价和塑造现实自我。大学生在自我管理中改造自己、塑造自己。

◎（二）创造自我价值需要

大学生的价值集中体现在自身具有的知识、能力，以及能够凝聚、启动并发挥这些知识和能力作用的、为社会创造价值的良好心理素质、道德素质、思想素质、政治素质以及身体素质[1]。就大学生而言，可以通过有效的自我管理活动，科学地分配自己的时间、知识、信息、能力、特长等资源，形成自身价值并付诸实施，最终使自身的素质得到提高。

◎（三）自我实现需要

马斯洛认为自我实现需要是人的根本需求。一个完整的人性，需要满足基本需要和超越性需要。“只有在为我们所缺乏的事情而奋斗时，在希望得到我们所没有的东西时，在我们将自己的力量积蓄起来以便为满足这种愿望而奋斗时，才会把自己的各种本领都最大限度地施展开来。”[2]综上所述，大

1 叶宁．大学生自我管理能力影响机制评价 [M]. 北京：知识产权出版社，2015.
2 马斯洛．人格和动机 [M]. 许金声，陈朝翔，译．北京：华夏出版社，1987.

学生自我实现需要离不开自我管理的过程。

从本质上讲，大学生全面发展的要素不仅仅包括智力、情绪、性格、知识等某个指标，关键在于各指标之间的相互融合、有机结合。这种超强融会贯通能力，依赖于个人的自我管理水平。所以大学生必须具有较强的自我管理能力，该能力能帮助他们高效合理地安排各项学习、工作、生活任务；也能帮助他们养成良好的基本素养，达到口中有德、目中有人、行中有爱的目标。

二、大学生自我管理对社会发展的重要性

以技术革命为背景，人类社会正在经历从工业社会向知识经济社会的转变。知识经济社会以科学技术为内涵，以高新产业为特征。20 世纪 90 年代开始，作为科学技术载体的人才已成为经济知识社会国际竞争的焦点，推进人才强国和实施科教兴国已成为中国发展社会主义市场经济、增强国际竞争力的战略抉择。

知识经济社会的特点是以知识的生产、分配、使用为特点的可持续发展；劳动力结构、生产要素、管理模式等都发生了改变。这些变化迫使大学生需要掌握提升自我认知、学会时间管理、制定职业规划、加强自我学习、合理自我控制等众多自我管理能力。

◎（一）满足社会劳动力极其结构变化的新需求

知识经济社会的主要特点包括资源利用智力化、资产投入无形化、知识利用产业化、经济发展可持续化。这些特点导致劳动力及其结构发生重大变化，由体力劳动者为主转变为知识劳动者为主，科学劳动、管理劳动在社会生产和经济生活中起着越来越重要的作用。

知识劳动者具有拥有重要的生产资料（存于自身的知识）、成就动机强、劳动过程监控难等特点。在此基础上，大学生要想更好地发展，就必须通过自我管理激发自己的潜能、正确认识自我、合理自我规划，将自己的知识资

源转化为生产力，提高个人劳动生产率，才能在激烈的知识经济社会中竞争取得优势。

大学生是知识劳动者的代表，应当做自己的主人，发挥主观能动性，通过自我约束、自我激励、自我控制使自己具备胜任工作的能力。

◎（二）有效应对社会企业形式的变革

知识经济时代企业的组织结构体现为三个新的特征：有助于企业捕捉市场机会，降低交易成本；有助于企业的信息交流，实现知识的创新与深化；有助于增强企业员工的创造性、主动性和合作精神。企业形式变革的主要方向：组织结构的边界由封闭状态变为半渗透边界、组织结构的扁平化、组织结构团队化、组织结构网络化。

传统组织结构是封闭的，管理的范围主要限定在企业边界之内。而随着经济发展，外部环境的巨变，大规模组织的局限性与信息传递速度的加快，合作伙伴关系成为一种集中力量、共担风险、迅速决策的柔性模式。企业联盟、虚拟性企业、转包等复杂性组织形式出现。

组织结构的一个重要特征就是管理层次和管理幅度，知识经济时代其变革方向概括起来就是缩小规模、减少层次、实现扁平化。这是因为知识经济时代，一是信息网络和计算机网络的发展，企业内部信息的搜集、传递、分析与处理大部分将被计算机取代，原来需要多层中间管理者完成的工作现在完全可以由电脑完成。二是随着产品科技含量的不断提高，产品生命周期的缩短，竞争越来越激烈，高效运行机制显得尤为重要。三是由于企业员工素质的普遍提高，独立自主解决问题的能力较强，使管理者与下属之间可以更快、更好地沟通，使得管理者管理幅度加宽。[1]

这是知识经济时代企业组织结构的一般发展趋势，不同的组织形式各有其特点。大学生应根据自身的特点、优势，提升个人的专业知识和素质能力，

---

1 孔宁宁 . 知识经济下企业组织结构的变革 [J]. 商场现代化，2007（23）：78-79.

以应对企业形式的变革。

◎（三）适应企业管理及工作制度的变化

知识经济时代，企业的管理的重心从“机器”转变为“人力”。只有人的潜力发挥出来，企业才能获得更多的收益，企业也才能具有更强的生命力。企业管理的目标是个人，主要体现为被管理和自我管理，但最终的管理成效体现为员工的个人管理，这是个体的主观能动性决定的。所以对于当代大学生而言，自我管理的能力决定了未来你在企业的发展高度。

三、大学生自我管理是现代高校学生管理工作的必然要求

高校学生自我管理是高校整个管理工作的重要组成部分，是高校学生管理工作的终极目标。可以说高校学生自我管理状态的优劣是衡量高校学生管理工作水平高低的有效尺度。传统的高校学生管理工作多是学校或管理者对大学生进行由上而下、由外而内的一种管理方式。这往往缺乏管理者与被管理者之间的双向互动、沟通与交流。由于社会环境和教育对象特征的改变，这种管理方式的效果不是很理想。

笔者认为，对人的管理特别是对大学生的管理，应以自我教育、自我管理为主：以自律为主，辅以他律，使他律与自律有机结合、统一起来；由被动管理变主动管理，发动学生的主动管理是推动学生主动参与到管理工作的中的重要方式。大学生自我管理实现了高校和谐校园建设工作中学生的积极性和创造性，也为其他各项工作的完成提供了服务与保障。[1]

新时代对育人工作提出了新的要求，为培养符合新时代中国特色社会主义要求的合格建设者，我们需要运用更多现代化的管理手段，将学生自身的主观能动作用发挥到学生的管理工作中来，提升学生自我管理效率，增强学

1 陈光军．和谐校园建设与大学生自我教育自我管理 [J]. 安徽电气工程职业技术学院学报，2008（2）：110-114.

生自我成才意识，实现大学生自我管理。

自我管理需要时间和实践，考验自律和坚持，持之以恒才能取得良好的效果。良好的自我管理能力有助于提高学习和工作效率，帮助大学生成长成才。

【案例分享】

绵阳城市学院共青团“第二课堂成绩单”制度实施办法（2023版）

第一章　总则

第一条　为全面贯彻落实《关于加强和改进新形势下高校思想政治工作的意见》《关于深化教育体制机制改革的意见》及《高校共青团改革实施方案》有关精神，着力提高人才培养质量，深入推进我校“三自”管理（自我教育、自我管理、自我服务）改革，切实促进学生成人成才成功，根据学工服务中心《绵阳城市学院评估指标项目建设工作组规划2022—2024学年）》提出的做好学校本科教学合格评估涉及的学风建设与学生指导工作要求，结合我校实际，特制定《绵阳城市学院共青团“第二课堂成绩单”制度实施办法（2023版）》。

第二条　我校“第二课堂成绩单”制度实施以培养应用型人才为宗旨，以“教中做”“做中学”“学中悟”为理念，以培养“有理想、多专多能、会创造”的大学生为目标，实现“三自”管理与应用技术型人才培养相融合、“三自”管理与综合素质养成相融合、“三自”管理与学生创造能力培养相融合。通过“第二课堂成绩单”制度，激励学生广泛参与各类活动，促进能力素质的均衡发展，提升就业竞争力。

第三条　我校“第二课堂成绩单”制度主要任务是：编制与我校人才培养计划相适应的课程体系；开发“活动项目化、项目课程化、课程特色化”的“第二课堂”课程体系；完善激励和评价机制，保障“第二课堂”教育成效。

第二章　课程与学分

第四条　我校“第二课堂”课程项目体系按照《团中央学校部关于推广实施高校共青团“第二课堂成绩单”制度的通知》文件精神和要求将课程项目体系分为5个类别：思政素养、品格素养、专业素养、实践能力、创造能力。按课程内容分为2大模块，即必修课程、选修课程。通过两大模块培养学生的三大素养两种能力。

1. 必修课程。共设置4门课程，包含“入党启蒙教育”“大学生劳动教育”“社会实践”“课外阅读”。

2. 选修课程。共设置3门课程，包含“大学生自我管理教育与实践（校园活动）”“大学生自我管理教育与实践（特色社团）”“大学生自我管理教育与实践（岗位体验）”。

各项课程（活动）对应学分、学时情况详见附件1、附件2。

第五条　我校“第二课堂”学分为必修学分。本科学生必须在毕业前修满10学分，认证获取至少120学时；两年制专升本学生根据实际情况，对修读课程不做要求，学分取得以学时认证为主，须在毕业前提交相应成果认证，认证成功达到96学时后方能毕业。

第六条　因身体疾病等特殊原因而修不满“第二课堂”学分的，经本人申请、专业学院（社区）审核、学生处审批，可视情况给予相应模块的学分减免。

第七条　每年6月、12月“到梦空间”网络管理系统学时申请功能开放，“第二课堂”认证中心将组织各级进行审核、认定工作；6月、

12 月底完成该学期“第二课堂”课程学时认定，并公示及备案。

第三章　工作机构

第九条　学生“第二课堂成绩单”制度实施组织机构主要由校、院（社区）组成，分别负责各级“第二课堂成绩单”制度工作的指导、规划、实施和活动学分认证。

第十条　学校成立“第二课堂成绩单”制度实施工作领导小组，詹廷君担任主任，何兴担任副主任；教研处、学生工作处、校团委、教务处、信息中心及各专业学院学工负责人（社区区长）为成员。领导小组负责“第二课堂成绩单”制度实施方案的制定，统筹教育教学资源、部门协同，监督“第二课堂成绩单”制度实施，裁决学生对“第二课堂成绩单”制度相关活动结果的申诉。

第十一条　各专业学院（社区）成立“第二课堂成绩单”制度实施工作组，由专业学院学生工作负责人（社区区长）任组长，辅导员（人生导师助理）、学生干部为成员，负责组织本学院（社区）“第二课堂成绩单”制度实施认定工作。内容主要为支持“第二课堂成绩单”制度开展、审核本学院（社区）“第二课堂成绩单”制度学时认定结果并在学院（社区）网站统一公示、在教务系统进行成绩录入等工作。

第四章　组织实施

第十二条　校、院（社区）按要求做好“第二课堂成绩单”制度的项目规划、组织实施、活动指导、活动认证，强化活动保障，严格考核标准，努力构建学生主动参与、教师热心指导、体系科学合理的组织管理和评价激励机制。

第十三条 科学编制活动规划，每年统一规划全校“第二课堂成绩单”制度课程活动，分别形成校、院（社区）“第二课堂成绩单”制度课程活动规划，具体规划原则如下：

1. 分类计分。“第二课堂成绩单”制度相关活动分为学时类活动和非学时类活动，学时类活动是指纳入校、院（社区）规划的活动，学生参与此类活动认证学时；非学时类活动是指未纳入校、院（社区）规划的活动，此类活动不再认证学时。

2. 分层规划。“第二课堂成绩单”制度相关活动分校、院（社区）两个层次进行规划，校级活动重在拓展学生综合素质，院（社区）级活动重在拓展学生专业素质；社团活动根据其挂靠单位情况纳入相应的校级规划或院（社区）级规划；其他组织可在校、院（社区）规划活动外，根据班级实际另行设计活动，但该活动不纳入“第二课堂”成绩单制度学时认证，全校形成“学校规定活动＋学院（社区）特色活动＋其他任选活动”的活动体系。

3. 分级设计。“第二课堂成绩单”制度活动针对不同年级、专业的学生进行设计，一年级学生重专业学业导航，二年级学生重专业素质拓展，三年级学生重就业创业导航，四年级学生一般不再统一规划活动，学生可根据“第二课堂成绩单”制度学分完成情况自主安排。

第十四条 “第二课堂成绩单”制度相关活动实行分级管理，按校、院（社区）二级组织实施，主办单位应按以下程序开展活动：

1. 活动审批。主办单位须在每学年初按要求填写附件 3 和附件 4，并报学校审批。未纳入规划的临时性活动由各专业学院（社区）审批后报学校备案。

2. 活动公告。主办单位要在相对固定的地方和学生工作网页内设置绵阳城市学院共青团“第二课堂”专栏，及时发布活动通知、活动学时等相关信息。

3. 活动组织。活动举办单位要科学制定活动方案，在规定的时间、地点和范围内精心组织活动，确保活动安全有序、质量可控、取得实效。除学校统一组织的社会实践、志愿服务等活动外，学生未经批准不得在校外组织活动。

4. 活动总结。活动结束后，主办单位及时做好活动宣传报道、材料归档、学时认证、书面总结等工作。

第十五条 活动主办单位要选配热心学生工作的相关领域专家、教师担任指导教师，指导学生制定活动方案并组织实施。

第十六条 各部门、各学院（社区）均应创造条件，支持学生参加“第二课堂”相关活动，在时间、场地、经费等方面提供保障，确保“第二课堂”相关活动的顺利进行。

1. 时间保障。学校安排固定时间，专门用于学生开展“第二课堂”相关活动，以保证活动的正常有序开展。

2. 场地保障。各单位要为学生开展“第二课堂”相关活动提供必要场所，及时做好学生活动场所各种设施的维护工作。

3. 经费保障。“第二课堂”相关活动经费由活动组织相关部门负责落实。

第五章 学分认证

第十七条 按照“谁主办、谁认证”的原则，主办单位应在活动结束后，按标准及时对参加活动的学生认定学时。学期结束前，各主办单位要将本学期活动学时认证情况汇总并报学生处存档备案。

第十八条 “第二课堂”相关活动分为国家级、省级、校级、院级

（社区）、其他五个级别，每个级别根据活动的规模、时间、难易等分为三类。同类别下一级活动分值原则上不能高于上一级，活动不重复计分，逐级选拔的活动只计最高分。具体分值以活动通知为准。

第十九条 “第二课堂”学时录入使用“到梦空间”网络管理系统认证管理。主要针对学生参与活动的情况，建立系统的记录、审核、评价机制。包括 6 个层面的评价方式。

1. 级别评价。学生参与活动或项目属国家级、省部级、校级、院级（社区）及其他等。

2. 学时评价。学生参加活动或项目经相关部门认证后的学时，一般以参与次数计时。

3. 奖项评价。学生参加活动或项目获得的等级类的成绩，一般用特 / 一 / 二 / 三等 / 优秀奖或冠 / 亚 / 季军等表示。

4. 角色评价。学生参加活动或项目所承担的任务分工，一般分为发起者、组织者、参与者三种角色。如果是团队参与，还要通过排序先后确定贡献程度大小。

5. 荣誉评价。学生参加活动或项目获得的荣誉称号，如各类先进个人 / 优秀标兵评选。

6. 考核评价。学生参与“第二课堂”的评价，一般以一学期为时间段，根据综合表现给予优秀、良好、及格、不及格分级评价。

第六章 附 则

第二十条 各学院（社区）要结合实际，制定切实可行的实施细则。新生入学时，要组织新生认真学习本方案和校、院（社区）有关规定，帮助学生明确有关要求，指导学生积极参与“第二课堂”相关活动。

第二十一条 对违反校纪或在学时认证中弄虚作假的学生，学校将取消该生本学年“第二课堂”相应模块的学时；对徇私舞弊和不负责任的单位和个人，学校将视情节给予通报批评直至纪律处分。

第二十二条 学生参加“第二课堂”相关活动情况纳入学生学年综合测评和评优评先，相关办法由学生处另行制定。

第二十三条 本方案实施对象为2023级及以后全日制在校生。

第二十四条 本方案最终解释权归学生处。

附件1

绵阳城市学院共青团“第二课堂”课程安排计划表

序号	课程名称	课程类别	学时		学分	课程结构	开课学期		开课单位	协作单位	考核办法
			理论	实践			理论	实践			
1	入党启蒙教育	必修	8	8	1	理论+实践教学	1	1	马克思主义学院	教研处	考查
2	大学生劳动教育	必修	8	24	2	理论+实践教学	1～2	1～2	教研处	教研处	考查
3	社会实践	必修	8	24	2	理论+实践教学	2	2	校团委	教研处	考查
4	课外阅读	必修	0	16	1	理论+实践教学	1～6	1～6	图书馆	教研处	考查
5	大学生自我管理教育与实践（校园活动）	限选	8	24	2	理论+实践教学	1	1～4	教研处	校团委	考查

续表

序号	课程名称	课程类别	学时		学分	课程结构	开课学期		开课单位	协作单位	考核办法
			理论	实践			理论	实践			
6	大学生自我管理教育与实践（特色社团）	限选	8	24	2	理论+实践教学	1	1～4	教研处	校团委	考查
7	大学生自我管理教育与实践（岗位体验）	限选	8	24	2	理论+实践教学	1	1～4	教研处	校团委	考查
8	职业素养训练与实践	必修		32	2	实践教学		1～7	现代产业学院	现代产业学院	考查

备注：本课程对两年制专升本学生不做要求，专升本学生自愿选修课程。

附件 2

绵阳城市学院共青团“第二课堂”学时认定标准

序号	活动大类	序号	活动名称	学时	证明方式	备注
1	思政素养	1	学生骨干培训或团校学习	8	结业证书或证明	校级单位组织的培训
		2	团组织生活	2	团支部考勤	每学期上限 4 次
2	品格素养	3	志愿服务	2	证明	每学期上限 4 次
		4	无偿献血	8	证明	每学期上限 2 次
		5	好人好事被国家级单位表彰	128	证明	
		6	好人好事被省级单位表彰	64	证明	
		7	好人好事被市级单位表彰	32	证明	
		8	好人好事被校级单位表彰	16	证明	
		9	优秀团员、优秀干事	4	证书或证明	

续表

序号	活动大类	序号	活动名称	学时	证明方式	备注
2	品格素养	10	先进个人、社会实践先进个人、党校优秀学员、优秀信息员、优秀班导、优秀青年志愿者等	8	证书或证明	
		11	优秀团干、三好学生、学习标兵、优秀学生干部、校园励志之星、优秀毕业生、优秀党员	8	证书或证明	
3	专业素养	12	参加社团	8	主管部门提供考勤名单	参加满一学年，满足社团管理要求
		13	参加讲座	2	主管部门提供考勤名单	每学期上限 8 次
		14	计算机一级、二级及以上合格证书	2 学时 / 项	证书或证明	同一考试，不可累加
		15	英语四六级及以上合格证书	2 学时 / 项	证书或证明	同一考试，不可累加
		16	教师资格证、会计、文秘、物流师、施工员、造价员等职业资格证书	16 学时 / 项	证书或证明	同一考试，不可累加
		17	研学项目、考研培训班、考公培训班、自考（网教、成教）专升本、教师资格证等培训	16 学时 / 项	证书或证明	同一考试，不可累加
		18	辅修	16 学时 / 项	证书或证明	同一考试，不可累加

续表

序号	活动大类	序号	活动名称	学时	证明方式	备注
4	实践能力	19	班导	16	聘书	
		20	教师助理	16	主管部门提供名单	期满一学期
		21	助理岗（初级、高级）	16/32	主管部门提供名单	期满一学年
		22	校卫队	32	主管部门提供名单	期满一学期
		23	应征入伍	96	退伍通知书	
		24	校园文化体育活动	2	活动签到或主办方名单	每学期上限 4 次
		25	学生在校期间举办个人艺术作品展览或演出	24	展览或演出证明及作品	每学期上限 2 次
		26	校、院（社区）两级团委书记处，学生会主席团成员	32	证书或证明	所有干部必须担任满一年，可叠加，第一职务算最高分，剩下职务减半；限两项
		27	校、院（社区）两级学生组织各部门干部，团支书，班长，学习委员，公寓长，楼层长	16	证书或证明	
		28	其他班委，校、院（社区）两级学生组织各部门干事，寝室长	8	证书或证明	
		29	荣耀绵城	16	证书或证明	
		30	绵城精英	24	证书或证明	
		31	所在班级获院（社区）级集体表彰	8	证书或证明	
		32	所在班级获校级集体表彰	16	证书或证明	
		33	所在班级获省级集体表彰	32	证书或证明	
		34	所在班级获国家级集体表彰	64	证书或证明	

续表

序号	活动大类	序号	活动名称	学时	证明方式	备注
5	创造能力	35	各类竞赛获国际级一等奖	80	荣誉证书或表彰文件	
		36	各类竞赛获国际级二等奖	72	荣誉证书或表彰文件	
		37	各类竞赛获国际级三等奖	64	荣誉证书或表彰文件	
		38	各类竞赛获国家级一等奖	64	荣誉证书或表彰文件	
		39	各类竞赛获国家级二等奖	56	荣誉证书或表彰文件	
		40	各类竞赛获国家级三等奖	48	荣誉证书或表彰文件	
		41	各类竞赛获省级一等奖	48	荣誉证书或表彰文件	
		42	各类竞赛获省级二等奖	40	荣誉证书或表彰文件	
		43	各类竞赛获省级三等奖	32	荣誉证书或表彰文件	
		44	各类竞赛获校级一等奖	32	荣誉证书或表彰文件	
		45	各类竞赛获校级二等奖	24	荣誉证书或表彰文件	
		46	各类竞赛获校级三等奖	16	荣誉证书或表彰文件	
		47	各类竞赛获院（社区）级一等奖	16	荣誉证书或表彰文件	
		48	各类竞赛获院（社区）级二等奖	8	荣誉证书或表彰文件	
		49	各类竞赛获院（社区）级三等奖	4	荣誉证书或表彰文件	
		50	出版专著	96	专著复印件	除第一作者外的其他作者学时减半
		51	国际核心刊物	96	期刊复印件	除第一作者外的其他作者学时减半
		52	国际一般刊物	64	期刊复印件	除第一作者外的其他作者学时减半
		53	国内核心刊物	64	期刊复印件	除第一作者外的其他作者学时减半

续表

序号	活动大类	序号	活动名称	学时	证明方式	备注
5	创造能力	54	国内一般刊物	16	期刊复印件	除第一作者外的其他作者学时减半，上限3次
		55	发明专利	96	专利证书	除第一发明人外的其他发明人学时减半
		56	实用新型	64	专利证书	除第一发明人外的其他发明人学时减半
		57	外观设计	40	专利证书	除第一发明人外的其他发明人学时减半
		58	获得国家级科技成果奖项一等奖	128	荣誉证书或表彰文件	除第一主持人外的其他主持人学时减半
		59	获得国家级科技成果奖项二等奖	96	荣誉证书或表彰文件	除第一主持人外的其他主持人学时减半
		60	获得国家级科技成果奖项三等奖	80	荣誉证书或表彰文件	除第一主持人外的其他主持人学时减半

附件 3

绵阳城市学院共青团“第二课堂”活动审批表

活动名称及类别			
活动主办单位			
活动承办单位			
活动（拟）实施时间			
活动负责人		联系方式	
活动简介			
活动预算			
预期成效			
专业学院学工中心（社区区长）意见	签章： 年 月 日		
学生处意见	签章： 年 月 日		

备注：1. 该申请表一式两份，一份专业学院（社区）备案，一份学生处存档；

2. 上交此申请表时，需附详细的活动策划书和安全预案。

附件 4

绵阳城市学院共青团“第二课堂”活动规划一览表

序号	活动名称	活动类别	活动（拟）实施时间	举办部门	
1					
2					
3					
4					
5					
7					

第二章
大学生自我管理实践

大学生自我管理是当今及未来社会对新时代人才素质的必然选择，是高等学校学生管理体制改革的实然要求，是高等学校学生管理工作的终极目标。结合我国目前大学生自我管理现状、自我管理内容等，本章就大学生自我管理实践做一些初步的探讨。

第一节 树立自我管理理念

大学是学生成长发展的重要阶段，有更加灵活的成长环境和相对自由的可分配时间，自我管理也就成为大学生最重要的能力。因此，利用好大学生涯，培养学生自我管理能力成为高校急需研究和解决的问题。而学生更应树立自我管理理念，发展自我管理能力，把自律和他律相结合，自省自立，提高自我，为步入社会和适应社会做准备。

一、加强自我认知，树立自我管理意识先导

彼得·杜拉克曾说：人类在21世纪面临的最大挑战就是自我管理；学会自我管理首先要明白“我是谁”……而最重要也是最难的是“认识自己”。自我认知，简单来说就是我们对自己内心观念、想法、情绪、态度及由此引发的日常行为的觉察程度。自我认知程度越高的人，越可能在清醒接纳自我局限、内在限制等基础上不断扩展自我能力边界、持续寻求自我改善和自我突破；而自我认知程度较低的人，对内在自我观念、想法、情绪及由此引发的行动往往缺乏自我觉察，而这将导致僵硬固化的下意识生活与工作。这个世界我们最熟悉而又最陌生的人是自己，对自我意识状态的点滴觉察和充分觉知有助于我们有的放矢增强自我管理能力，自省自强、自动自发地干好工作、取得成绩。[1] 因此大学生应当对自己进行深入的认知和了解，了解自己的性格、价值观、优点和缺点等，从而找到适合自己的管理方式。

二、设定个人目标，强化自我管理意识

为强化自我管理意识，大学生应当设立可衡量的个人目标，包括学业目标、职业目标和个人成长目标。例如，在学业方面设置可实现的达成目标，

---

1 党建锋.觉知自我意识　强化自我管理——浅论员工自我意识与团队管理[J].衡器，2016，45（6）：47-48+51.

从课业水平及科研成就两方面约束自己，根据设定的目标，制订详细的计划，将大目标分解成小目标，并为每个目标设定具体的行动步骤和时间表。可以通过使用时间日程表或时间管理工具来帮助管理时间，同时设定优先级，合理安排每天的任务和活动。高效利用时间就要学会合理分配时间，避免时间的浪费和拖延。

培养自律意识，养成良好的行为和生活习惯，包括早起、按时学习和工作、养成健康的饮食和运动习惯等。大学生的主要任务是学习，建立良好的学习习惯对自我管理至关重要。养成定期复习、及时完成作业和项目、积极参与课堂讨论等良好的学习习惯，可以提高学习效率和成绩。在学习生活中面对困难时应不退缩，保持坚韧内心。自我管理也并非意味着独自面对一切，而是要学会主动寻求支持和协助。寻找适合自己的学习小组，向教师和同学请教、寻求辅导和指导等，可以帮助解决问题和提高自我管理的能力。同时要学会正确面对压力、控制情绪，可以通过锻炼、休息、找人倾诉和寻求帮助等方式来实现。此外，定期进行阶段性反思和策略调整，通过自我反思，了解自己的成长和进步，及时调整自己的工作学习方法策略以适应不同的情况变化。

大学生在校园生活中，往往会面临各种不同的任务和活动，应学会根据重要性和紧急性对任务进行排序，将精力和时间集中在最重要和紧急的任务上，避免被琐碎的事务分散注意力。

自我管理是一个不断学习和成长的过程，是一个长期的过程，需要不懈努力。大学生应主动学习自我管理的相关知识和技巧，最大限度利用学校、社会资源，参加培训和研讨会，向身边的人和榜样学习，不断反思和改进自己的管理方法，以不断成长和提高自我管理的能力。

综上所述，大学生建立正确的自我管理理念，实现个人的成长和发展除了通过自我认知、目标制定、计划管理、时间管理、自律和坚持、管理压力和情绪以及自我反思和调整等方法，更重要的是，要有耐心和恒心。大学生要坚持并依靠这些正确的自我管理理念，以实现个人的成就和全面发展。

三、创建自我管理平台，培养正确的自我管理理念

新一代学生，特别是“00后”学生，在全球化时代下，知识储备更丰富，知识获取途径更多元，具有思想开放、个性鲜明、理想淡薄、自信张扬等特点。新时代的大学生在政治上具有从简单的政治热情走向冷静慎重的思考，从表面显露的政治关注走向较为隐蔽的内心关注的特点，[1]但他们政治理论较为薄弱，容易受到错误信息的影响，不过智力活跃，对新奇事物充满好奇心，也有一定的洞察力来弥补遗漏；行为上，他们敢于表现自己，同时自我控制能力低，如果遇到问题和矛盾冲突，容易失去理智；他们心理上自信、热情，但抗压能力低，可以是充满希望和矛盾的一代。在新时代，高校必须坚持立德树人的根本任务，找到大学生自我管理的最佳途径。肖姆林斯基说，真正的教育是自我修养，只有不断鼓励新时代的大学生自我学习、自我管理、自我服务，才能实现有效的管理。

学校要把立德树人根本任务落在实处，就需要把立德树人的根本理念与学生自我管理理念有机融合在一起，处理好二者之间的关系，确保教育改革沿着正确的方向发展，从而为中国特色社会主义建设培养更多合格的人才。立德树人的目的是培养德智体美劳全面发展，并具有一定创造性人格的时代新人。这要求立德树人目标主体也就是大学生不仅要有丰富的专业知识，还要能够不断提升自身的综合素养，充分发挥自身的聪明才干，发挥主观能动性，努力使自己在立德树人教育中成为“自树”主力军。

要实现上述目标，首先，学生管理工作者要帮助大学生树立主体观念，明确并落实大学生的主体地位，激发大学生内在“主体目标”概念，使大学生在形成自我意识的基础上实现“自我树立”。其次，学生管理工作者遵循

---

1 梅晓芳，杨智强．新时代大学生自主管理的重要意义与实现路径 [J]. 经济师，2020（7）：182-184.

以人为本的理念，激发大学生“自我树立”的内生原始动力，培养学生自主管理的能力。在大学阶段，大学生除了获取专业理论知识，更多的是寻找和发现事物的规律以及获取知识的方式方法。在日常的学生教育管理中，学生管理工作者应该把已经模式化、程序化、刻板化的老套过时的训导方式转化为学生喜闻乐见的个性化、创新化、多样化的激励方式，提升学生自主管理的主体性和“自我树立”的积极性，从而激发大学生认真学习、努力提高自身综合素质的内生学习原动力，为培养德智体美劳全面发展的时代新人打下坚实的基础。

大学生自主管理是大学生群体为提升自身素质、实现自我价值而开展的管理活动，自主并不代表我行我素、放任自我，而是有约束、有方向、有价值的管理活动，而思想政治教育就是引领正确前进方向的灯塔。特别是在新时代 “大思政”理念下，高校需要构建课程思政、日常思政、网络思政等协同育人格局，为大学生自主管理保驾护航。大学生自主管理过程要建立从上至下的制度，从学校层面来讲，需要建立畅通的信息沟通制度，如书记信箱、校长接待日、月度座谈会等，营造浓厚的自主管理氛围；从二级学院层面来说，让学生参与到学院教育教学、服务管理等评价中，并形成相应的制度，同时在学院内成立由学生组成的各种自律管理委员会，如纪律管理委员会、早晚查委员会、卫生监督委员会等，增强学生自主管理意识，搭建学生自主管理平台；从学生自主管理队伍层面来看，形成规范化的日常运作制度，如周例会制度、分类培训制度、期末述职制度等，加强学生自主管理队伍建设。在搭建学生自主管理平台时以实践活动为抓手，每月设定主题，让学生能够做到规范开展自主管理。如定期组织全体学生参与志愿服务，学生以班级为单位形成志愿服务互助小组，开展养老院爱老敬老、社区服务、文明交通疏导等活动；每年 9 月迎新季，由学生骨干组成迎新队伍，对新生在入学手续、住宿餐饮、校园安全、社团活动、专业规划等方面给予全方位的指导；每年 6 月、12 月考试季来临前组织每一位同学签署《学生诚信考试承诺书》，充分调动每一位同学的学习、备考主动性和积极性；每年9月，充分发挥退伍复学大学生的专长，专门组织其参与到大学生军事训练课程的理论教学与实践教学中。这一系列的实践活动有助于大学生自主管理落实落细。

第二节　培育自我管理品质

大学阶段是大学生在初级社会化的基础上继续深入社会化的一个关键阶段。在这个特殊阶段，大学生要完成人生的一次蜕变，“要成为一个什么样的人”是在校大学生和学生工作者应当时刻思考和关注的重要问题。在这次蜕变的过程中，要努力培养现代大学生的自我管理意识，使大学生养成自我管理的良好品质。

一、自律与自控力的培养

在新时代背景下，大学生的管理模式逐渐从“他律”走向“自律”。自控力就是自我约束能力，这种能力能够帮助学生及时发现和反馈学习和生活中的各种问题，并能根据目标要求及时做出调整。成功学把自我约束力作为一个人成功的基本要素之一，缺少自我约束力是一个人成功路上最大的障碍。培根说：“幸运所需要的美德是节制，而厄运所需要的美德是坚忍。”[1]只有养成良好的自律与自控力，大学生才能真正成为自己情绪的主人，才能更加理性地思考问题、处理问题。

1. 设定明确的目标：确保知道自己想要实现什么，并设置具体、实际可行的目标。这将帮助大学生集中精力并明确方向。

2. 制订计划：制订详细的计划，包括每天、每周或每月的具体行动步骤。将目标分解成小的任务，以简化任务的完成过程。

1　弗兰西斯•培根．培根论人生 [M]. 何新，译．上海：上海人民出版社，1983.

3. 培养良好的习惯：通过反复的实践来养成良好的习惯。例如，每天固定的时间起床和睡觉，每天锻炼一定的时间，等等。坚持这些习惯会增强大学生的自律和自控力。

4. 增强意志力：通过锻炼意志力来增强自己的自控力。可以从一些简单的事情开始，例如控制自己的饮食习惯或克服拖延症。

5. 建立支持系统：与身边的人分享自己的目标和计划，并寻求他们的支持和鼓励。大家可以一起努力，互相监督和激励。

6. 处理诱惑：学会识别和应对诱惑，避免陷入诱惑的陷阱。可以尝试采用一些技巧，如远离诱惑源、转移注意力、使用时间管理工具等。

7. 坚持不懈：在培养自律和自控力的过程中，可能会遇到困难和挫折。重要的是保持坚持不懈的态度，相信自己并继续努力。

二、时间管理的技巧与策略

当今社会，“时间就是金钱，效率就是生命”已愈来愈被人们认识和接受，并成为现代人的座右铭。社会的发展和科技的进步，要求人们具有强烈的时间观念，从而自觉、有效地利用时间。因此，对于当代大学生来说，实施时间的自我管理并开发时间自我管理的技能就成为其学习活动中的重要任务之一。[1] 以下是一些常用的时间管理技巧和策略，可以帮助我们合理安排时间、提高工作效率。

1. 制定优先级：对任务进行分类和评估，将它们按照优先级排序。将重要且紧急的任务放在首位，其次是重要但不紧急的任务，然后是不重要但紧急的任务，最后是不重要且不紧急的任务。

2. 制定日程表：根据任务的优先级和时间要求，制定一个日程表。将任务合理地分配在不同的时间段，确保每个任务都有充足的时间。

1　严中华 . 大学生自我管理技能开发 [M]. 广州：华南理工大学出版社，2000.

3. 集中注意力：在处理任务时，尽量避免分心和干扰。保持专注，集中精力完成当前任务，然后再转到下一个任务。

4. 学会委托和下放：将一些低优先级或不重要的任务委托给其他人或下放给团队成员。这样可以解放自己，让自己专注于更重要的任务。

5. 学会说不：学会拒绝那些对自己的时间和计划有负面影响的请求。只承诺和参与自己能够合理完成的任务和活动。

6. 利用工具和技术：利用各种时间管理工具和技术来帮助自己更好地管理时间。如使用日历应用程序、待办事项列表、时间追踪应用程序等。

7. 休息和放松：合理安排休息和放松时间，避免过度劳累。休息和放松可以提高工作效率和专注度。

8. 不要拖延：尽量避免拖延，立即处理任务，不要将它们推迟到最后时刻。使用一些拖延战胜策略，如番茄工作法或时间块技术。

9. 随时调整计划：随时根据工作情况和优先级的变化进行调整。不仅要制订计划，还要适应变化和调整计划。

采用这些时间管理技巧和策略，可以帮助大学生更好地管理时间，提高工作效率，取得更大的成就。

三、目标设定与追踪

◎（一）目标设立

1. 目标设立的内涵。

目标设立是指着眼于将来，设立方向和效果，是为自己实现目标合理组织时间和管理时间提供方向的一种技能。没有方向和目标，所有的活动项目和取得的结果都可以说有效或者无效，因为缺少了衡量效果的标准。如果没有提前设置目标，再好的学习方法都是不起作用的。

2. 目标设立原则。

设立目标必须遵守以下 5 个原则，才会对时间自我管理起到导向作用。

否则，所设目标将成为海市蜃楼，可望而不可即。

（1）目标表述必须具体；

（2）目标必须有量化标准；

（3）目标要具有可实现性；

（4）目标必须合理；

（5）目标的结果必须有时间限度。

3. 目标设置的分类。

目标设置与目标实现的时间间隔相联系，按时间实现的长短来分类，可以分为长期目标、中期目标、短期目标；按照实施计划包括的范围大小，可以分为总体目标、阶段性目标、子目标；按照活动项目分类，又可以分为学习目标、身体保健目标、社会实践目标、综合素质目标等。每一个分类下还可以做进一步细分，例如学习目标又可以分为各科目目标。

4. 目标设置的步骤。

无论哪种目标的设置，都要遵循下列步骤：

（1）多问自己几个为什么。

在设置具体目标之前，不妨问自己这样几个问题：我为什么来到这里学习？我想学到什么东西？毕业后我将从事什么工作或者我将选择什么性质的职业？进入了大学校园就意味着开始了一次“旅行”，但这次旅行是一次时间上的旅行。在时间之旅中，大学生将逐步实现自己的目标。每个人的将来都依赖于今天的计划和行为，对将来的考虑越具体、越清晰，目标的设置就更切合实际。

（2）设置总体目标，对总体目标分类。

首先，大学生应考虑清楚某些与自己学习有关的问题，然后设置总体目标。总体目标在某种程度上是和长期目标相对应的，但又不完全相同。总体目标范围较大，是一系列目标的总体，既可以是长期目标的总体，也可以是中期、短期目标的总体，也可以是各个项目目标的总体。因此，它的最基本特征是它的可分解性。总体目标的设立又是相对的，它可能是较大范围目标的一个分解部分，我们给分解的目标定义为子目标。比如小李在大学期间的总体目标是成为三好学生，但这一目标对整个人生来说不过是一个子目标。每个人的总体目标都是多个的，因此，我们要将若干个总体目标分类。例如，某位同学在入学以后确立了这样的一系列目标：通过大学英语四级考试、计算机程序员考试，其他科目成绩达到85分以上，提高自己的阅读水平，锻炼好身体，交几个好朋友，参加各类学校社团活动提高自己的综合素质，等等。我们可以将以上目标分成更为综合的大类：学习类、课外生活类、社交类、素质提高类等。这样，总体目标不至于过于繁杂，也便于学生对时间进行合理分配。

（3）将每类总体目标分解，逐步落实。

每类总体目标都是相对于整个大学阶段将达到什么水平而设定的，对于每学年来讲，每类总体目标就有了阶段性目标，将阶段性目标进一步分解成子目标，然后逐步落实子目标。如何分解总体目标呢？我们通过下列案例来加以分析。假如小廖是数媒专业一年级的学生，传播学课程达到90分是他总体学习目标中的一个阶段性目标。为实现这一阶段性目标，他的下一步工作就是将这一目标分解成逻辑性强、分割的子目标体系，具体可以做如下的目标分解：完成课程笔记的复习，完成课程作业的复习，完成平时阶段性测验的复习工作。子目标的落实意味着阶段性目标已经实现，每个阶段性目标实现意味着总体目标的实现。将目标分解得越细致、越详细、越具体，计划实施起来就越容易。

四、增强决策能力和抗压能力

决策能力是指一个人在面对复杂情境或问题时能够做出明智、理性且有效的选择的能力。它包括以下几个方面：能够准确地识别和定义问题或情境，理解所涉及的各个方面和因素；能够收集相关的信息，并使用适当的工具和方法对信息进行分析和综合，以获得全面的背景知识和清晰的认识；能够设定明确的目标和优先次序，以便在决策过程中有清晰的方向；能够产生多个备选的解决方案或行动方案，并评估每个方案的优劣和风险；能够对备选方案进行客观的评估和比较，考虑到可能的结果、影响和约束条件；在评估和比较的基础上，选择最佳的方案，并做出明确的决策；能够有效地执行决策，并监督实施过程，及时调整和纠正。

抗压能力是指个体或组织在面对压力、挑战和困难时的应对和适应能力。它包括以下几个方面：能够辨别和认识压力的来源和性质，了解其对个体或组织的影响；能够有效地管理和调控自己的情绪，避免情绪过度激动或消极情绪的产生，保持冷静和积极的心态；能够有效地应对和解决问题，找到可行的解决办法，并采取积极的行动；能够灵活地适应变化和调整，抵御外界的压力和挑战，并找到新的应对方式；具备积极的社交能力，能够获得他人的支持和帮助，建立健康的人际关系网络；自我调节和关注健康：能够合理安排时间和任务，保持适当的工作与休息，关注自己的身体和心理健康。

决策能力和抗压能力是两项重要的个人技能，不仅能够帮助个体应对工作、学习和生活中的挑战，还有助于提高效率和质量。同时，决策能力和抗压能力也可以通过学习、训练和实践不断提高和发展。重要的是要认识到每个个体在应对压力上的独特性，因此个人可能对不同的压力源和应对策略有不同的反应。

◎（一）增强决策能力

1. 收集信息：在做决策之前，收集尽可能全面和准确的信息，包括调查研究、咨询专家或参考相关的数据和报告。

2. 分析和评估：仔细分析和评估各种选择和可能的结果。权衡利弊，考虑长期和短期影响，并基于事实和逻辑进行决策。

3. 制订计划：制订详细的行动计划，包括目标、时间表和资源需求。确保计划合理，并为潜在的风险和挑战做好准备。

4. 深思熟虑：对于重要的决策，给自己充足的时间。避免仓促决策，必要时寻求他人的意见和建议。

5. 学会从失败中学习：不要害怕失败，而是将失败视为学习和成长的机会。分析失败的原因，并从中汲取教训，以便在下次做决策时更加明智。

◎（二）增强抗压能力

1. 健康的生活方式：保持良好的身体健康对于应对压力非常重要。在日常生活中注重健康饮食、充足睡眠和适度运动，以增强身体的抗压能力。

2. 找到情绪管理的方法：掌握情绪管理技巧，如深呼吸、冥想和放松练习。这些方法可以帮助人们冷静下来、控制情绪，并减少压力带来的负面影响。

3. 改变思维方式：积极乐观的思维方式能够提高抗压能力。尝试寻找积极的方面，培养应对挑战和困难的韧性。

4. 分解任务并设定优先级：将大的任务分解成小的可管理的部分，并根据优先级进行安排。按照先后顺序逐一处理任务，这样可以减少压力的累积。

5. 建立支持系统：与家人、朋友或同事建立良好的支持和沟通关系。分担困扰和压力，寻求帮助和支持。

6. 寻找平衡：学会平衡工作和个人生活之间的需求。合理安排时间，给自己充足的休息和放松的机会。

7. 接受事实：接受有些事情超出自己的控制范围，不能完全控制一切。学会接受事实，并专注于自己可以控制和改变的事情。

通过实践和坚持，大学生可以逐渐提升自己的决策能力和抗压能力，成为更加果断和坚韧的个体。

第三节　提升自我管理能力

大学生自我管理能力对学生的学业进步、个人成长、事业发展具有重大的影响。大学生自我管理能力培养应该作为学生培养的一项重要工作。学术界在大学生自我管理现状调查的基础上，综合分析大学生自我管理的影响因素，并提出促进大学生自我管理能力的实现路径。[1]

一、学习方法的改进与学习效果的提升

大学阶段是人生教育的一个关键时期，对人一生的发展意义重大。同时，21世纪的大学生肩负着这一时代所赋予的角色和使命，对未来科技进步承担重大的责任，所以每个大学生都应该根据自己的实际情况，制定适合自己的学习方法。而想要找到正确的学习方法需要做到以下几点。

◎（一）把握差异

与中学阶段的学习相比，大学学习少了教师和父母的监督和管教，学习氛围逐渐变得宽松，学生自我支配时间充裕，这样由“硬”变“软”的学习环境，使得大部分大学生没有了学习目标和方向，缺乏学习的动力和压力，迷茫和无助成为他们的普遍心态。[2]此外，大学学习在学习内容、学习方法上也发生了较大变化。

1. 学习内容广、课程多、难度大。

中学阶段，学生一般只学习十门左右的课程，内容为一般性的基础知识。而大学里开设的课程分公共课、基础课、专业基础课、专业课四个层次，每一个层次又由许多门课程综合而成，内容量大，因而大学阶段的学习任务比中学阶段的重得多。

1　纪同娟，李魁明．大学生自我管理能力培养的探索与实践 [J]. 现代职业教育，2020（44）：4-5.

2　杨琨，王祥灵，李在吉．加强大学生自我管理能力的探索与实践［J］. 学理论，2013（17）：324-325..

2. 学习方式不同。

在学习方式上，中学阶段主要是课堂讲授，教学过程中的每一天、每一节课，教师都安排得非常具体。频繁的作业和课堂提问、大量而紧凑的课堂教学是中学教学常态。而在大学里，课堂讲授相对减少，自学时间大量增加。大学为学生学习提供了非常好的环境，如大学有藏书丰富的图书馆，有设备先进的实验室，有丰富多彩的课外科研活动。同时，大学的教学计划还安排了大量的教学实验、实习、社会调查、毕业设计等教学环节。这都需要大学生自主学习和走出课堂。

3. 学习方法变化明显。

在学习方法上，中学阶段，教师教学生是“手拉手”领着教，教师对课程安排得详细周到，不少学生养成了依赖教师、只会记忆和背诵的习惯。而大学阶段则是“教师在前，学生在后”，教师引着教，提倡学生自主学习，使大学生逐渐地从“要我学”向“我要学”转变；提倡生动活泼地学习；提倡勤于思考。

◎（二）明确学习动机

在学习中，学习动机占了很重要的比例，学习目的、自身学习需要及学习诱因是其主要的组成部分。学习目的作为产生和保持学习动机的内部因素，在学习行为中起着重要的指导作用。自身学习需要，包括个体的成就欲望，对学习对象的兴趣、爱好，好奇心、求知欲、探索愿望等，是个体的内部动机。学习诱因，也就是通常说的外部动机，指激发行为的外部环境，如学习成绩、考试分数、奖学金、优秀学生表彰等。

大量研究显示，当学习动机适中时学习的效果达到最佳。大学生主要有四类学习动机：报答性和附属性学习动机、自我实现和自我提高的学习动机、谋求职业和保证生活的学习动机、事业成就的学习动机。多元的学习动机带来多元的学习动力，一个有明确学习动机的人更有可能在学习中获得成功，并在个人和职业生涯中取得成就。

◎（三）掌握学习方法

1. 高效的学习方法。

通用的高效学习方法包括 SQ3R 学习法和 PQ4R 学习法。SQ3R 学习法指按“浏览、发问、阅读、复述、复习”五个步骤进行学习；PQ4R 学习法是一个能有效帮助学生理解和记忆的学习方法，PQ4R 分别代表预览、设问、阅读、反思、背诵和回顾六阶段。还有根据记忆的艾宾浩斯曲线确定记忆时间点（20 分钟、1 小时、8 小时、1 天、2 天、6 天、31 天），将短期记忆转变成长期记忆：利用记忆的“全盘利用”等学习方法和一些记忆手段（如关联法、字母法）记忆具体事物，即借助感官、运动、幽默、想象、数字编号、符号、颜色、顺序、积极的形象来进行记忆等学习方法。

2. 个性化的学习方法。

个性就是个别性、个人性，就是一个人在思想、性格、品质、意志、情感、态度等方面不同于其他人的特质，这个特质表现于外就是他的言语方式、行为方式和情感方式等。任何人都是有个性的，每个人都应该找到属于自己的个性化学习方法。

二、解决问题的思维模式

思维模式指解题者由问题的条件、性质及自身的个性特点，在解题过程中长期形成的相对稳定的思维类型。

◎（一）直觉式

直觉式指在解决问题过程中，不经过自觉的、有意识的逻辑推理，而是凭直觉做出判断的解决问题的思维模式。其特点是速度快，正确性较高。直觉式解决问题的思维模式并非神秘莫测。其过程中的许多中间环节都省略了，所以能对问题做出快速的反映和观测。其基础是个人丰富的经验和渊博的知识，以及由此而产生的果断的意志品质。执行公务的公安刑警、抢救病人的医生等善于运用直觉式思维模式。

◎（二）分析式

分析式指在解决问题过程中，对事实材料做充分分析，并进行严格的逻辑推理，最后使问题得到解决的思维模式。其特点是分析周细，推理严格，结论科学。但有时该思维模式的步骤显得繁杂，耗费时间太多，于是在实际运用中，人们往往给予适当的简化，以提高时效。

◎（三）试误式

试误式是尝试错误式的简称，指在解决问题中，不对解决问题的原则、方法等做周密的思考，而用尝试去解决问题的思维模式。其特点是耗时多和成效低，盲目性大，弯路长。不过在对解决问题的方式方法进行大致的分析之后的高层次的试误，会克服以上缺点。

◎（四）顿悟式

顿悟即指突然醒悟明白。顿悟式指在积累了大量材料之后，经过分析、比较、推理而无法解决问题时，经受偶然的刺激，突然明白了解决问题的途径和方法的思维模式。其特点是不可预测性、自发性、科学性。其赖以产生的前提一是大量材料的积累，二是艰苦卓绝的思考。

在复杂的社会生产实践中，人们往往是对以上几种思维模式进行综合运用，随着问题的改变而分别有所侧重。教师在教学中应引导学生正确评价每种思维模式的优缺点，逐步分析自己的思维模式，灵活综合运用各种思维模式，从而培养自己解决问题的能力，提高学习效率。

三、成长型人格的培养

◎（一）人格的基本特性

1. 整体性。

人格是由多种成分构成的一个有机整体，具有内在统一的一致性，受自我意识的调控。人格整体性是心理健康的重要指标。当一个人的人格结构在各方面彼此和谐统一时，他的人格就是健康的。否则，可能会出现适应困难，甚至人格分裂。

2. 稳定性。

人格具有稳定性。个体在行为中偶然表现出来的心理倾向和心理特征并不能表征他的人格。俗话说，“江山易改，本性难移”，这里的“本性”就是指人格。当然，强调人格的稳定性并不意味着它在人的一生中是一成不变的，随着生理的成熟和环境的变化，人格也有可能产生或多或少的变化，这是人格可塑性的一面，正因为人格具有可塑性，才能培养和发展人格。人格是稳定性与可塑性的统一。

3. 独特性。

一个人的人格是在遗传、环境、教育等因素的交互作用下形成的。不同的遗传、生存及教育环境，形成了各自独特的心理特点。人与人没有完全一样的人格特点。所谓“人心不同，各有其面”，这就是人格的独特性。但是，人格的独特性并不意味着人与人之间的个性毫无相同之处。在人格的形成与发展中，既有生物因素的制约作用，也有社会因素的作用。人格作为一个人的整体特质，既包括每个人与其他人不同的心理特点，也包括人与人之间在心理、面貌上相同的方面，如每个民族、阶级和集团的人都有其共同的心理特点。人格是共同性与差别性的统一，是生物性与社会性的统一。

4. 功能性。

人格决定一个人的生活方式，甚至决定一个人的命运，因而是人生成败的根源之一。当面对挫折与失败时，坚强者能发愤拼搏，懦弱者会一蹶不振，这就是人格功能的表现。

◎（二）弗洛伊德的人格“三我”结构

弗洛伊德的人格理论包含了“三我”结构，这是指人格的三个组成部分，分别是本我（Id）、自我（Ego）和超我（Superego）。弗洛伊德认为，这三个部分相互作用，共同决定了个体的行为和性格特征。在理想的情况下，自我能够平衡并调解本我和超我之间的冲突，在满足个体的需求同时与社会保持和谐。然而，如果这种平衡失调，可能会导致焦虑、冲突和人格问题的出现。

1. 本我：本我是人格结构中最原始的部分，代表着本能和欲望。它是人类生存本能的储存库，追求满足基本生理和心理需求的快乐感。本我是无意识和冲动驱动的，不受现实界的限制。它主要受生理冲动、原始欲望和无意识渴求的控制。

2. 自我：自我在人格结构中处于中间地带，是一个现实感知和判断的出发点。它的作用是调解本我和超我之间的冲突，同时考虑现实界的限制与因素。自我是有意识和理性的，它通过合理的决策和行动来满足本我的需求，同时遵守社会准则和道德规范。

3. 超我：超我是人格结构中的道德和规范部分。它存储着个体的道德价值观、规范和社会规则。超我是通过社会化和道德教育形成的，代表着个体的理想自我形象和道德意识。超我监督和约束本我的冲动和欲望，通过道德标准来评价和规范自我的行为。

四、自我评估与反思

培养自我反省和自我评估的习惯是一种积极的生活方式，可以帮助大学生了解自己的优点和缺点，发现自己的潜能和不足，提高自我认知和自我发展的能力。

◎（一）知识、技能的自我评估与反思

1. 课堂教学中的自我评估与反思。在课堂上个对问题进行充分探索、讨论以后，对自己探索出的解决问题的方案做自我评价：成功的原因是什么？

得到了什么学习经验？失败的原因是什么？应做如何改进？我的探索方法优势是什么，弱点是什么？应汲取别人的哪些成功经验？以此来培养自我评价的方法。

2. 在学习进程中进行自我评价。在学习的各个不同阶段，经常回顾自己的学习历程，进行自我评价：自己在学习上投入了多少？收获了多少？学得好的时候的原因是什么？学得差的时候的原因又是什么？从中得到了什么启示？在以后的学习中该做哪些努力？如何采用适合自己的学习方法进行学习？如何去面对学习的成功？又如何去面对学习的失败？应该树立什么样的学习观？以此来培养自我评价的能力。

3. 在知识技能考查之后进行自我评价。大学生应该在每次的基础知识考查之后，进行自我总结、自我评价：总结失败的原因，找到成功的学习经验，应汲取什么教训？在以后的学习中应注意什么问题？如何改进自己的学习方法？如何端正自己的学习态度？以此来培养自我评价的能力。

◎（二）情感、态度的自我评估与反思

情感和态度的自我评估与反思是一种有益的方法，可以帮助大学生了解自己的情感状态和态度，并对其进行调整和改进。以下是一些可以用于情感和态度自我评估与反思的方法。

1. 自省与观察：停下来，静心观察自己的情感和态度。思考自己在不同情境下的情绪体验，对事物的看法、态度和反应。

2. 识别与记录：识别并记录下自己的情感和态度。可以通过写日记或记录情绪的方式来帮助自己感知和了解内心的情感状态。

3. 分析与探索：分析探索情感和态度背后的原因和影响因素。思考是什么导致了这种情感或态度，是内在因素还是外部环境的影响。

4. 评估与判断：客观评估自己的情感和态度是否合理、积极、适应当前情况。考虑它们对自己的影响以及对他人和环境的影响。

5. 反思与调整：进行反思，思考如何调整和改进自己的情感和态度。思考如何更积极地应对情感，以及如何养成更健康和积极的态度。

6. 行动与实施：制订具体行动计划，积极地实践调整和改进自己的情感和态度。通过行动来增强积极情感和培养良好的态度。

7. 持续反馈与调整：定期回顾和反馈自己的情感和态度的改变。通过不断地反馈和调整，进一步完善自己的情感和态度。

情感和态度是个体内心的表达，对个体的情绪、心理和行为有重要影响。通过自我评估与反思，我们可以更好地认识自己、理解自己的情感和态度，从而更好地应对挑战、调整心态、改善人际关系和助力个人成长。

第四节　大学生自我管理的实践方法

多年来，我国高校积极探索培养大学生自我管理能力和提高大学生自我管理水平的有效方法，积累了丰富的经验。大学生可以通过目标管理、时间规划来加强自我管理。本节主要介绍四种管理方法。

一、利用 SMART 原则进行目标管理

◎（一）什么是 SMART 原则

SMART 由 Specific（具体的）、Measurable（可衡量的）、Attainable（可实现的）、Relevant（相关的）和 Time-based（时限明确的）首字母缩写而成。[1]SMART 原则以初期设定组织目标为导向，以最终实现结果为评判标准，通过对目标层级自上而下的设立来达到过程管理中的自我控制与监督，最终实现其目标。将 SMART 原则运用于大学生自我管理的实践中，能帮助大学

1　夏丹.基于 SMART 原则的高校预算绩效目标管理机制——以 F 高校为例 [J]. 商业会计，2021（16）：68-71.

生制定具体的、可衡量的、可实现的、相关的和时限明确的目标，以便更有效地实现自己的目标。

具体性是 SMART 原则的核心，它要求目标清晰明确，具有可操作性；可衡量性要求目标能够用数据来衡量，以便于检查进度；可实现性要求目标在实施者的能力范围内，确保方案可行；相关性要求目标与其他目标具有关联性，能够促进整体目标的实现；时限明确则要求为目标设定一个明确的完成时间，以便于推进计划的实施。

通过 SMART 原则，大学生可以更加清晰地了解目标，更加有效地实现它们。例如，将“考取教师资格证”这一目标转化为“在一年内每天进行定量课程学习、刷题练习考取教师资格证”，这样目标更加具体、可衡量，并设定了明确的时限，有助于更好地实现目标。对于长远的目标，大学生也有必要进行细化。

◎（二）SMART 原则使用方法分析

首先，大学生需要学会给自己定目标，如学习技术、语言，阅读书籍等，但对于目标的考核更为重要。在使用 SMART 原则分析问题时，任务一定要清晰明确，目标不宜过高也不宜过低，如将考取教师资格证目标改为教师资格证笔试“综合素质”“教育知识与能力”每科达到 90 分以上，确定一个具体的数值或数值范围，到时候完成得怎么样就很好衡量了。

其次，大学生需要确定时间计划，如 3—8 月备考，9 月通过笔试。但这个目标还是比较大，具体如何执行呢？需要对目标继续拆分，可以采用 OKR（Objectives and Key Results）法（目标与关键成果法，是一套明确和跟踪目标及其完成情况的管理工具和方法）把大目标拆分为多个子任务：学习“综合素质”“教育知识与能力”及专业课知识，熟练掌握大纲考点，完成对应练习。

比较大的目标一定要拆分为多个子目标、子任务，可以从上往下多个层级拆分，最终的一个子任务要控制在合理范围内（如一周内），方便执行和跟进。在这个过程中，大学生也可以给自己适当制定一些激励措施，如旅游、吃大餐、看电影等，确保能更好地坚持下去。

二、SWOT 分析法

◎（一）SWOT 分析法的提出

20 世纪 80 年代初，美国旧金山大学海因茨·韦里克教授提出了 SWOT 战略分析方法[1]（简称 SWOT 分析法）。SWOT 分析法是基于内外部竞争环境和竞争条件下的态势分析，综合选择最佳战略的方法。其中，S 是指自身的内部竞争优势（Strengths），W 是指自身的内部竞争劣势（Weaknesses），O 是指外部环境的竞争机会（Opportunities），T 是指外部环境的竞争威胁（Threats）。[2]SWOT 分析法包含内部的优势和劣势、外部的机会和威胁四个分析维度，包含 SO（优势 + 机会）、WT（劣势 + 风险）、WO（劣势 + 机会）、ST（优势 + 风险）四种组合策略。

SO（优势＋机会）：增长型战略，是最理想的战略模式。当事物发展具有某方面特定优势，而外部环境恰好为发挥这种优势提供了有利机会时，采取该战略模式为最佳选择。

WT（劣势 + 风险）：防御型战略。需要警惕外部环境的威胁，减少自身存在的弱点，从而谋求生存性发展。

WO（劣势＋机会）：扭转型战略。既有内部劣势带来的挑战，也有外部环境带来的机遇，需要面对挑战思考应对措施，从而扭转格局，取得发展。

ST（优势＋风险）：警惕型战略。面临较大外部风险，虽然内部优势可以冲抵外部风险带来的挑战，但是仍需要谨慎考虑，需要充分利用自身优势，

1 孟玥辛，王延臣．基于 SWOT-PEST 矩阵的叮咚买菜发展状况分析与对策研究 [J]. 投资与创业，2022，33（20）：51-53.

2 张扬，张新民．独立学院师资队伍建设的 SWOT 分析 [J]. 世界教育信息，2009（1）：46-48.

回避或减少外部威胁。

SWOT 分析法，在企业发展战略制定、竞争对手分析、商品市场定位，以及个人职业规划等领域得到了极大应用，取得了较好的应用效果，也逐渐发展成为现代管理学中制订战略计划的重要方法。

当代大学生同样可以利用 SWOT 分析法对自我管理发展进行分析，以期加强自我管理能力，实现既定目标。在完成目标任务时可借助 SWOT 分析法，分析完成已设定目标任务的机遇、优势、劣势，以及面临的挑战，进而有效分析目标完成的可行性。基于分析结果，优化实现目标任务的策略。

◎（二）SWOT 分析法的具体实施

1. 下面以大学生创业为例进行 SWOT 分析。

（1）大学生创业优势分析。

新时代大学生普遍具有如下优点：在信息时代，信息差成为成功的关键因素，而大学生拥有较强的信息搜集能力，他们能从各种渠道搜集到海量的创业资讯，并能从中分析、评估、筛选有效信息，从而寻找适合自己的创业方向。大学生思维较为敏捷，思维模式前卫，接受新鲜事物快，会提出新颖的看法，具有很强的创新能力。大学生作为高素质社会阶层，自主学习知识的能力强，能积极主动地学习和掌握创业所需要的知识、专业技能、组织技巧和人际沟通技巧，能在丰富的社会实践活动中，了解创业所要经历的基本流程，并通过创业来培养自己的管理能力。除此之外，大学生具有积极的精神，且有一定的创新能力，这些特质有助于他们在创新创业中快速接受新鲜事物，并在过程中不断寻求“突破点”，从而形成自身独有的优势。

（2）大学生创业劣势分析。

创业是将个人创造力、理论知识和实践活动有机结合的一种实践活动，是“知行合一”的具体体现。毋庸讳言，大学生由于社会经验匮乏，尽管掌握一定的理论知识，但是在实践素质和职业技能上与社会创业者相比不具备太大优势。他们对社会环境的认知不够，所做的商业项目缺乏最精准的商机，经不起市场的检验，常处理不好对创业风险的预测和规避等问题。更有一些高校不愿投入大量的人力和物力来开展大学生创业教育，存在教师队伍薄弱、大学生创业方向选择困难等问题，导致大学生缺乏创业动力。并且部分大学生面对创业困境，缺乏实际经验，容易出现焦虑、恐惧、退缩等心理问题，缺乏良好的创业心态，心理承受能力差，这不但会影响他们创业，更会给他们的人生带来消极影响。

（3）大学生创业面临的机遇。

近年来，国家在财政支持、税收、项目申请、创业技术支持等方面出台了一系列扶持大学生自主创业的政策。比如，放宽创业注册条件，放宽创业经营场地租买条件，降低行政管理费用，为大学生提供优质、高效、便捷的创业服务；推出税收优惠、创业助学金，奖励成功创业企业等优惠政策，为大学生创业提供良好机会。同时，大学生创业培训的科研经费也逐年增多，为大学生创业能力发展搭建了良好的平台，为高校创业型人才培养营造了良好氛围。促进大学生创业举措的推出，有利于培养具有较高专业素质的创业型人才，可以使大学生更好地学习如何创业，对自主创业有更全面的认识。

（4）大学生创业面临的风险。

面对不断变化的市场，创业的早期决策往往会产生偏差，这些都会使大学生的创业活动更加困难，从而造成大学生的创业失败，给大学生造成经济上的损失和心理上的负担。因此，大学生要学会如何解决创业过程中的问题。同时，社会和高校应该给予大学生帮助和引导。现实情况是，部分高校的创业教育课程体系还不健全，主要集中在课堂上教授基础知识，缺乏企业、社会组织的参与，导致大学生缺乏创业实践能力。此外，创新创业教育是一个综合性的教学过程，目前一些高校教师的知识结构、职业能力与创业教育的实际需求并不相适应，难以持续引导学生创业。

2. 基于以上 SWOT 分析结果，笔者对大学生创业能力培养提出以下对策。

（1）通过 SO 战略发挥优势，利用机会。

大学生要充分利用大学生创业的外在机会进行创业，认真了解政府、高校为大学生创业提供的优惠政策，调动大学生创业的内在优势，提升创业自我效能感和创业能力。通过 SO 战略，大学生应学会利用自身优势，把握机遇进行创业，以适应经济发展的需要，积极投身到创业的大环境中。高校也应该为学生提供创业技能方面的实际支持和培训，为大学生提供前沿的市场信息、良好的实践平台、系统的创业教育体系，整合社会各方面的创业力量，提升大学生创业能力。

（2）通过 WO 战略克服劣势，抓住机会。

在创业初期，针对创业资金短缺、社会资源匮乏、实践能力不足等问题，大学生应积极落实当地政府的扶持政策，结合政策弥补创业初期的劣势。通过 WO 战略，大学生应时刻保持危机意识，努力克服自身不足，把握创业机会，争取把大学生创业的弱点变成创业优势。例如，大学生应积极参与创业教育和创业技能培训，弥补自身社会实践经验不足和心理承受能力弱的问题。此外，大学生还要深入开展市场调研，了解行业发展的方向，清晰地认识到市场真正的需求，以更好地通过创业实践提升自身的创业能力。

（3）通过 ST 战略利用优势，规避威胁。

大学生创业可能会受到来自市场变化的威胁，他们需要利用自己的优势，选择有效的方式来提高自己的核心竞争力；发挥自己的智慧，利用内部优势避免或减轻外部威胁的影响。高校更应该注重培养学生的创业能力，引导学生学会利用自身优势挖掘创业机会，理性选择创业方向，通过实践活动探寻创业的可行性，在创业中锻炼自己。

（4）通过 WT 战略减少劣势，规避威胁。

为了真正实现创业，学生需要克服自己的劣势，应对创业时面临的不同挑战，可通过 WT 战略克服弱点，消除威胁，不断学习创业知识，提高自身素质和能力。创业是不断获得不同类型知识与技能的过程，大学生应从实际出发，制衡不利因素的负面影响，扬长避短，科学创业，以便能从多个角度分析创业方向的优劣并做出整体决策，在多变的市场环境中做出明智的选择。同时，大学生要顺应时代发展趋势，充分利用各方资源，不断提高创业能力，在实践中做出合理的判断，将创业失败的概率降到最低。

通过以上案例学习，大学生可将 SWOT 分析运用到日常学习生活中的各个方面，全面准确的策略分析能够帮助我们更快实现目标。

三、番茄工作法则

◎（一）什么是番茄工作法则

番茄工作法则是一种简单易行的时间管理方法，是一种更加微观的时间管理方法。正确使用番茄工作法则，选择一项待完成的任务，设定一个番茄时间，在番茄时间内专注工作，中途不允许做任何与该任务无关的事，直到番茄钟响起，然后在纸上画一个记号，记录下来；接着设定一个番茄休息时间，短暂休息一下。结束一天的工作后，根据记录对当日的工作学习情况进行复盘，同时可以对第二天的时间进行规划。

使用番茄工作法则能够帮助我们更好地实现自我管理，减轻时间焦虑，在完成任务的过程中提升集中力和注意力，减少中断，增强决策意识，唤醒激励和持久激励。当我们成功地使用番茄工作法则完成目标任务后，能够巩固我们达成目标的决心，同时也能完善预估流程，针对有缺陷的步骤进行改进，强化自身决断力，确保下一次保质保量地完成任务。

◎（二）番茄工作法则的原则

1. 一个番茄时间（25 分钟）不可分割，不存在半个或一个半番茄时间。
2. 一个番茄时间内如果做了与任务无关的事情，则该番茄时间作废。
3. 不要拿自己的番茄数据与他人的番茄数据比较。

4. 番茄的数量不能决定任务最终的成败。

5. 必须有一份适合自己的作息时间表。

◎（三）番茄工作法则的使用流程

1. 每天开始的时候规划这一天要完成的几项任务，将任务逐项写在列表里（或记在软件的清单里）。

2. 设定你的番茄时间（定时器、软件、闹钟等），一个番茄时间是 25 分钟。

3. 开始进行第一项任务，直到番茄钟响铃或提醒（25 分钟到）。

4. 停止工作，并在列表里该项任务后画个 ×。

5. 休息 3 到 5 分钟，活动、喝水、方便等。

6. 开始下一个番茄时间，继续该任务。一直循环下去，直到完成该任务，并在列表里将该任务划掉。

7. 每四个番茄时间后，休息 25 分钟。在某个番茄时间的过程里，如果突然想起要做什么事情，若这件事必须马上做，则停止这个番茄时间并宣告它作废（哪怕还剩 5 分钟就结束了），去完成这件事情，之后再重新开始这个番茄时间；如果这件事不是必须马上去做，则在列表里该项任务后面标记一个逗号（表示打扰），并将这件事记在另一个列表里（备注为计划外事件），然后接着完成这个番茄时间。

◎（四）番茄工作法则的使用案例

以这样的时间表为例：08:30—13:00/14:00—17:30。

08:30，小林启动了这天的第一个番茄时间。他可以用这个番茄时间回顾此前一天他做的全部工作，过一遍活动清单，并填写今日待办表格，也填上当前这个规划活动。在同一个组织管理番茄时间内，小林还应检查书案上是否一切就绪，并做一些整理。番茄钟铃响，记 ×，休息。

下一个番茄时间开始，这是第一个实务番茄时间。这样进行三个实务番茄时间。一组四个番茄时间过去了，接下来就是一段较长时间的休息。尽管还愿意继续工作，小林还是决定休息一下，以面对后续的紧张工作。过了 20 分钟左右，他启动一个新的番茄钟。四个番茄时间后，小林看了看表，12:53 了，刚够时间让他整理一下书案，他收起四散的文件，并检查了今日待办表格的消息和填写无误，然后去吃午饭。

14:00，小林回到书案，启动番茄时间继续工作。在相邻两个番茄时间之间，他的休息时间不长。四个番茄时间后，他累了，但仍然还有几个番茄时间要做。他觉得需要好好休息一下，于是出去溜达溜达。30 分钟后，小林开始一个新的番茄时间。番茄钟铃响，记 ×，休息。最后，小林把预留的番茄时间用来回顾当天的工作，填写记录表格，就可能的改进记下一些意见，为明天的待办表格加一些说明，并清理书案。番茄钟铃响，短暂休息。小林看看表，17:27 了。他整理好位置上凌乱的文件，排好活动表格的顺序。17:30，空闲时间开始。

对上面场景有两条说明：第一，实务番茄时间与工时 / 学时并不一致。八小时的工作 / 学习中，有两个番茄时间是专门用于组织管理，有两个番茄时间用于实务操作。第二，时间的推移永远是番茄工作法则中的次要因素。如果没有不可控的中断，上午和下午于何时结束，由连续的番茄时间决定，作为工作、学习结束指标的是番茄时间序列及其中间的休息。

四、时间四象限法则[1]

◎（一）时间四象限法则特点及处理原则

时间四象限法则是由美国管理学家史蒂芬·柯维在其《要事第一》一书中提出的。[2]四象限法则主要用于时间管理，该法则的主要含义是把紧急和重要性这两个维度变量划分成四个区间，然后按照四个区间的定义将计划事项

1 谢冬子 . 时间四象限法则 [J]. 今日教育 (幼教金刊)，2022（4）：31.

2 罗杰·梅里尔，丽贝卡·梅里尔 . 要事第一 [J]. 中国电力企业管理，2016（36）：95.

对号入座（如图 2-1），通过象限划分对目标事项进行有效管理。

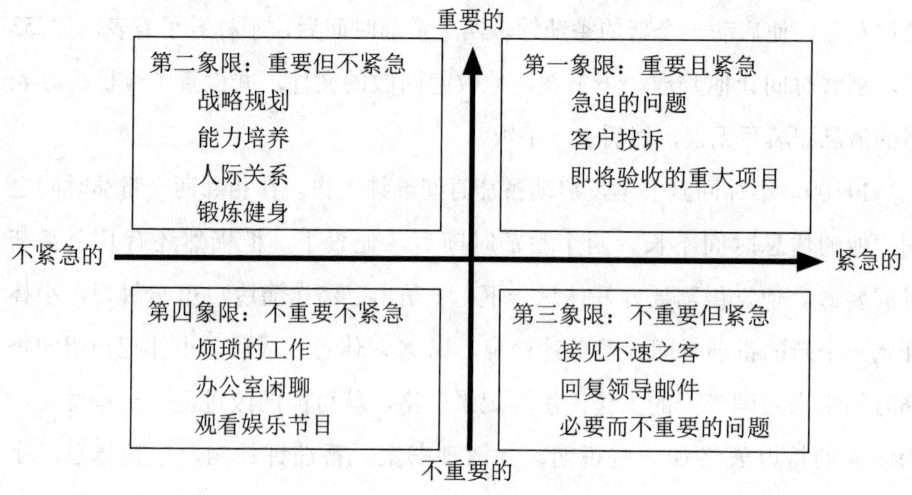

图 2-1　时间四象限法则

第一象限：重要且紧急。该象限的事务要立刻马上做，包括急迫的问题、即将到期的任务等。第二象限：重要但不紧急。该象限的事务是最需要做的事，也是最易被忽略的，经常出现一拖再拖的现象。需要制订计划，按时完成，进入良性循环。第三象限：不重要但紧急。该象限事务因为紧急，具有较大的欺骗性，会产生“这事很重要”的错觉，实际上对自己并不重要，只是满足别人的期望与标准。第四象限：不紧急也不重要。该象限的事情大多是琐碎的杂事，没有任何重要性，基本属于浪费时间。

时间四象限法则基于两个维度：事项和时间。随着时间维度的推移，事项性质会随之发生变化。四象限事务的时间分配需要充分考虑时间分配的合理性，保证事务分配在合理的象限，做好事项和时间两个维度的动态调整，确保在有限的时间内让工作效率最大化。四个象限的时间分配，一般可以按照 20 ：50 ：25 ：5 的比例进行。根据“二八定律”，20% 的事项起决定性作用，其余 80% 的事项起辅助性作用。也就是说，第一象限重要且紧急的事务所占时间比例为 20%，确保有 20% 的关键性事务稳定在第一象限，保证有足够的精力和时间去完成重要且紧急的事务；第二象限为重要但不紧急的事务，是需要投入精力并长期坚持的事项，关乎人生、事业的长期规划发展，第二象限分配的时间比例为50%，持之以恒地把时间和精力投入第二象限的事情中，确保重要事务长期推进良性发展；第三象限分担的更多的是日常性事务，必须完成但并不十分重要，可以用相对琐碎和状态欠佳的时间去处理该象限的事务，分配的时间比例为25%；第四象限为不紧急也不重要的事情，但也是客观存在的事务，分配时间比例为5%。

时间四象限法则能够将事项的紧急性和重要程度完美展现，可以帮助大学生做好时间管理和规划，提高工作和学习效率。

第三章
办公技能与职场礼仪

新一轮科技革命和产业变革深入发展，新产业、新业态、新技术都对人才提出了新的更高要求，而支撑实体经济创新发展的应用型人才也必然在我国人才体系中居于更加重要的地位。应用型人才的核心要求都体现在“用”字上，即学以致用，用于社会实践，以解决社会实践中的应用问题。随着时代的快速发展，数字技术、移动互联网、物联网、人工智能、区块链、大数据、云计算等技术的飞速发展，各种新事物层出不穷，颠覆和重塑着人类的生活方式，而智能办公也必将成为未来办公生活的重要趋势。办公技能作为职场最需要的硬技能之一，必然会成为毕业生求职时用人单位的重要考查事项。本章以办公技能培养为主线，辅之以职场礼仪讲授，通过办公软件与技能应用、资料收集与管理、职场礼仪与禁忌、会议组织与工作汇报四个维度，将理论知识的教学与实际操作结合起来，以实现学生理论知识与实践能力的同步提升，旨在培养具有自我创新能力、自我管理能力的多专多能应用型人才。

学生在学习办公软件的过程中，通过对理论知识的学习，培养自主管理的意识和提升实际操作能力从而增加竞争力，在自我管理的过程中体现自我价值，更好地实现高校学生的自主管理。

第一节　办公软件与技能应用

一、办公软件在工作中的重要性

随着互联网以及信息技术的不断发展，为了使办公效率得到提升，各类自动化办公软件（Word、Excel、PowerPoint、WPS）应运而生，从政府部门到企业事业单位，从专业技术人员到普通百姓，无论是数据统计、会议记录及其他数字化办公任务，自动化办公软件日趋成为办公重要工具。

微软官网的数据显示，普通人常用的 Office 水平，只占据了 Office 软件功能的 5% 不到。

熟练掌握和使用办公软件是当今职场招聘人才的基本要求。巧用 Excel 可大幅提高工作效率；写 PowerPoint（PPT）就如写文章，是表达能力的一种体现，而工作效率、表达能力是职场中判断一个人工作能力的重要依据。用 Word 做出的简历、论文、标书、工作总结，用 Excel 做出的数据报表，用 PPT 做出的年终汇报等质量的优劣，都是个人专业性、职业性的体现。

二、常用办公软件的应用

◎（一）Word 基本应用

如果说文字是语言的载体，Word 就是文字的载体。Word 作为一款功能强大的文字处理软件，在各个行业中都有广泛应用。熟练掌握 Word 意味着可以自如地进行文字排版、编辑及格式调整等操作。

1. 文字排版：在撰写报告或者编写文档时，需要对文字进行合理安排，使之美观易读。合适的字体、字号以及恰到好处的配色，让文档更具层次感和视觉效果；同时优美而清爽的排版也能赋予文档版面很高的审美价值，提升读者的阅读体验感。

2. 文字编辑：在文档编写过程中，我们可能需要对文字进行插入、删除、复制、粘贴等基本操作，进一步还需要编辑图片、图像、音频、动画等数据。熟练使用 Word 编辑功能可以让我们快速完成这些任务，提高工作效率。

3. 格式调整：格式的设置对于 Word 文档编辑尤其重要。在完成文档编辑后，我们还需对其进行格式调整，包括设置字体、页边距、行距、段落间距以及字符样式等，以满足不同场合的要求。如 Word 可以生成“目录”，构筑“大纲”，在短时间内实现文档的编辑和修改，提升文档的质量与效果。

◎（二）Excel 基本应用

Excel 是一款功能丰富的电子表格软件，可以用于处理大量数据和各种统计分析。Excel 可通过数据呈现出工作当中成果的分析和内在的联系。熟练掌握 Excel 意味着可以轻松地完成数据输入、函数公式应用及图表制作等任务，大学生掌握并应用 Excel 进行数据的处理，不仅可完成毕业设计中问卷的处理，还可以进行企业门店经营数据分析等。

1. 数据输入：在工作中，经常需要将大量数据输入电子表格中。通过熟练应用快捷键和批量填充功能，可以大大提高数据输入速度。

2. 函数公式应用：Excel 内置了众多实用的函数和公式，如求和、平均值、最大值、最小值等。熟练使用这些功能可快速解决各类运算问题，提高对数据的驾驭能力。

3. 图表制作：图表是图形化的数字，大众对图形信息的接收能力是高于对文字和数字的处理能力的，专业的图表更能展现制作者的专业素养。通过 Excel 图表功能，将汇总分析的数据以图形方式展示出来，能更直观地反映信息，让沟通更高效。

◎（三）PowerPoint（PPT）基本应用

PowerPoint 是一款专业的演示文稿制作软件，广泛应用于会议、培训、教学等场合。PPT 可以让工作自动化，把工作变成一种创造。熟练掌握 PPT 意味着可以制做出精美且具有说服力的演示文稿进行报告演示、答辩。

1. 让文字变得更加简洁。PPT 可将传统的文字转变成图表、图片及动画的形式来表达，让原本枯燥无味的会议变得充满乐趣，常用于职场汇报、产品发布会、项目演示、商务洽谈、公司宣传等，可以轻松、简单地让聆听者获取信息。

2. 让表达变得更具逻辑性。就像写作文一样，要有总的逻辑思路，才能提炼出纲领性的内容，才能很快让人明白和理解。PPT 由封面、目录、内容三部分组成，在阅读或者讲解的时候能够让他人清楚地了解其表达的目的和意图。

3. 变向锻炼了思维能力。通过合理安排页面元素，如文字、图片和图表等，可以使演示文稿更具吸引力，巧妙地通过动画、配色的组合为演示锦上添花，增强观众对信息的接受度。

第二节 资料收集与管理

经济社会高速发展为信息化时代的到来奠定了物质基础。新时代，资料收集与管理能力已成为一项重要的学习、办公技能。我们每一个人都必须具备获取信息、处理信息的能力。

教学上，新一轮教育革命已经开启，面对庞大的知识库，学生应快速有效地获取信息，并学会从中识别、区分、筛选和组合信息。因而教师应培养学生掌握收集并整理资料的能力，而不同阶段的学生也有了相应的课程要求。如《普通高中语文课程标准》提出学生应“初步具备搜集和处理信息的能力”；《普通高中生物学课程标准（2017 年版 2020 年修订）》也对学生应当达到的能力目标做出了明确规定：能够利用多种媒体搜集生物学的信息，学会鉴别、选择、应用和分享信息。职业技术教育的根本目标是培养具有较强操作能力的技能型人才，学生的理论学习成绩不再是评价学生的唯一标准，懂技术、会操作、动手能力强，已经占据了职业学校教学目标的主体地位。因此广泛收集资料并进行合理管理存在整个教学过程中。

工作中资料收集和管理同样显得非常重要。如办公室文书档案管理涉及的资料收集、整理工作对于行政单位工作效率以及工作质量的提升具有重要的意义；高等院校档案的收集工作是我国现代档案管理工作中的重点，所收集资料的齐全、完整、规范等都影响到后期资料的利用和借鉴；高等院校教学资料工作搞得好与坏，是关系到教学、科研服务质量高低的关键。我国化学专家温元凯教授在大学时代，在遍查各种化学文献的基础上写出了有国际影响的学术论文。可见，资料的收集、管理和建设非常重要。

一、资料收集的意义

资料收集，就是总结、分析、解释与研究课题或论文相关的理论、思考、知识经验及前人的研究成果。收集资料并不是盲目地简单综合，或一揽子拿过来，而是要对已收集的资料进行批判性研究，取其精华。通过资料收集和整理，可以找到前人或他人研究的终点以及在终点所取得的成果，从而找到自己进行研究的起点。信息论认为收集资料的重要性体现在“有输入，才有输出”。通过资料收集和整理，可以了解到研究 / 课题的一些基本事实及思想，以及其他研究者的研究思路和研究方法，或者是借鉴别人的方法，或者是从别人的研究思路和研究方法中获得启示，发展、形成自己的新的研究思路和方法。

通常，收集资料的同时，还要对资料进行分析、提炼，从中提取出对研究有用的信息和情报。当然，也可以在收集资料工作完毕之后，再对之进行分析。

二、收集资料的种类

◎（一）文字资料

文字资料是以文字形式存在的，具有保存和利用价值的资料，主要包括档案资料、书报资料、网上信息和私人资料。

档案资料：档案大多是工作活动中形成的文字材料，大多数是独家拥有，包括五年计划、年度计划、年度工作总结、专项工作汇报或总结、阶段性工作汇报、专项调查报告、会议记录、有关决策文件、统计资料等。

书报资料：有关著作，报纸杂志、电台、电视台的有关报道。

网上信息：网上有关的信息，取其可靠、合用的资料，同时注明出处。

私人资料：包括私人证件、文稿、笔记、日记、书信、未发表的诗文集、各类记录等，可补充档案资料不足，或作佐证材料。

◎（二）口碑资料

口碑资料又称活资料，由人们通过口头转述的形式将历史上发生的事情流传下来，包括专项口碑记录、社会调查和民间传说。

专项口碑记录：查访当事人、知情人、历史见证人，收集和记录未曾形成文字记载的资料。

社会调查：某项专业档案资料不足，可进行专项社会调查，采访行内人士、专业人士，广泛收集意见，加以记录整理，形成专题调查报告。

民间传说：指文字不曾记载，可信而具有地方特色的歌谣、故事和传说。它往往可以提供具有传奇和有价值的资料。

◎（三）图片资料

图片资料是历史真实见证的重要资料，能够真实地反映当地政治、经济、文化、社会、军事、自然、人物等场景和面貌，包括地图、各类事物发生变化的示意图、历史图片、现状图片、实物图片。图片资料是修志不可缺少的重要资料。

◎（四）音像资料

音像资料是单位或个人在各种社会活动中，通过拍照、摄录等手段形成的，具有保存价值的照片、光盘、碟片、录音带、缩微片、幻灯片、录像带、唱片、激光唱片、激光视盘等档案资料。它们是以感光材料或磁性材料等为载体，以影像和声音为主要反映方式的档案资料。随着科技的发展，一些重要的活动过程都会形成音像档案资料。

◎（五）实物资料

实物资料是那些以物质实体为载体，具有地方的史料价值，并能反映某一事件历史真实面貌的具有保存价值的特定的有形物品，包括实地勘测的档案资料、遗址、遗迹资料、文物、碑刻。

◎（六）电子（网络）资料

随着网络技术的发展，网络信息成为人们重要的信息来源。在网络信息中，与地情相关的档案资料的信息数量正在逐步增长。目前，网络信息内涵丰富、外延广阔。

三、资料收集原则及方法

◎（一）资料收集原则

迅速地获得准确、完整、全面、系统、充分的情报是收集文献资料的总要求。迅速，要求收集的文献能够提供及时的情报；准确，要求收集的文献资料能够针对特定的需要；完整，要求收集的文献能够提供全面的情报，这就要求收集的文献资料具有全面性和系统性；全面，并非无所不包，而是要反映有关学科或有关课题的全貌，有助于揭示问题的本质；系统，就是要求收集的文献能反映有关内容来龙去脉的发展历程；充分，要求收集的文献资料具有多样性和较高的累积性。通过以下原则，可以达到收集文献资料的总要求。

1. 逆时性原则：也称回溯性原则，即在收集文献资料时，首先核查最近的 8～10 种参考资料。这是因为，这些资料是最新的，反映了该研究问题的当前思想动态；最新的参考资料中会有最新的参考文献目录，便于研究者从中了解从事相同或相似课题的其他成果。逆着时光“隧道”收集文献资料有助于我们全面把握该研究进程。

2. 全面性原则：查阅文献资料怎样才算是“足够”呢？文献数量的多少取决于查阅文献的目的。换言之，就是收集到的资料要能反映所研究问题的全貌，揭示其本质。

3. 选择性原则：指从浩如烟海的资料中剔除无用的资料，挑选出有价值的资料。选择性与全面性并不是对立的，选择性是就文献资料的价值而言的，而全面性则着重强调资料的内容是否能充分反映所研究问题的实质。

4. 直接性原则：指收集的文献资料最好是原始文献。因为二三级文献不能像一级文献那样提供研究者研究的全貌，它通常是针对特定需要加工而成的。

◎（二）资料收集方法

1. 文献检索法。利用检索系统 / 工具搜索是获取文献信息的途径之一，通过在图书、期刊、档案、学术论文、国家文献系统等资料中进行搜索及挖掘，常用的检索网站有万方、知网、维普、SCI 等。该方法检索途径多，资源更新快，适合检索复杂课题。

2. 问卷调查法。问卷调查是挖掘和收集事实的一种方式，分为纸质问卷调查和网络问卷调查。由于纸质问卷调查投入人力多，调查时间较长，分析与结果统计效率低，成本较高，随着信息技术的发展，网络问卷调查中的二维码问卷调查、小程序问卷调查应用更为普遍，目前国内部分网站可提供问卷设计、发放及结果分析服务，如问卷星、问卷网等。网络问卷调查突破了传统问卷调查中时间、环境、地域的限制，调查范围广，调查时间短，效率高。

3. 实地调研法。当文献搜索收集的二手资料无法满足研究目的时，就需要通过实地走访、调研、观察取得第一手研究资料。通过实地调查取得的资料真实性高、深入性强、灵活性大。

实际操作中，我们还可以按下面的方法进行资料收集。

1. 先普查后细查。先根据所收集资料的形式和来源，做好普查工作，编出资料目录，再依照资料目录做深入细致的查找、收集。为了能充分掌握资料，在收集时建议博采，在博采资料的同时，应注意精收。根据所研究的方向及课题，拟订其资料的征集计划。拟订时，应将其主要的主题资料、背景资料和考证资料的已知来源、线索、负责收集人、工作进度等一一明确。

2. 先内后外。先查阅本单位、本系统收藏的档案资料，后去外单位、外系统、档案馆、图书馆查阅，应避免盲目地去外单位收集资料。

3. 先文字后实物。先查文字资料，若文字记载不全，或有疑问，再进行实地考察。通过实地调查或专题调查，增加一些有价值的“活”的资料。

4. 先古后今，由远及近。当代历史资料极其丰富，知情者多，可以置后收集。

5. 先易后难。对于个别收集难度较大的资料，可以延缓进行，先收集那些省时省力、易查易找的资料，然后再集中力量解决难度较大的资料收集问题。

6. 先直接后间接。不论文献资料，还是口述资料，都要先收集原始资料，即没有经过加工的资料。在确实查无直接资料的情况下，再收集间接资料。

四、资料收集的流程

资料收集的流程一般包括图 3-1 所示流程。

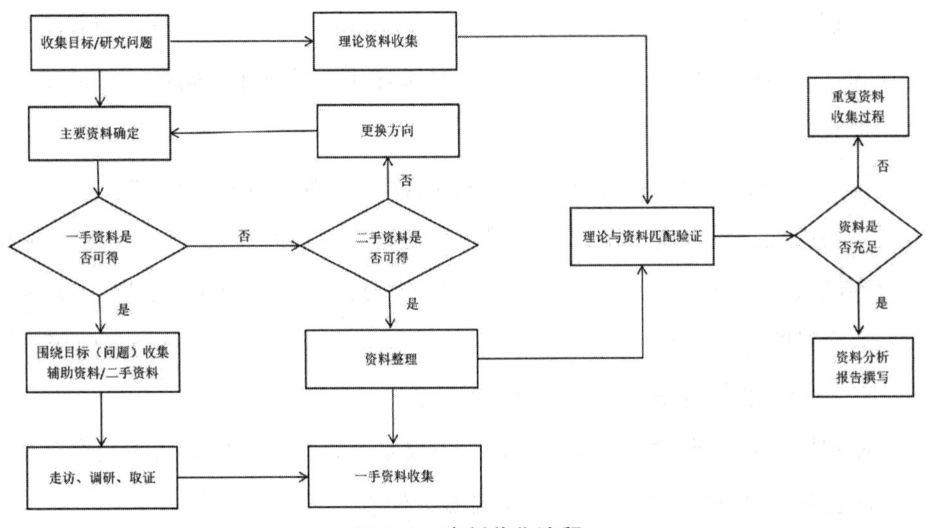

图 3–1　资料收集流程

在收集资料时，同样值得重视的是资料的考证。大量的资料收集后，必须对之加以严格的鉴别与考证，力求准确无误。这个工作和收集资料是同步进行的，在收集的同时就要进行考证、鉴别，在考证、鉴别时又不断收集、补充。应认真做好资料考证工作，保证使用资料的准确性，做到不伪、不偏、不漏。

五、资料的整理

◎（一）资料整理的重要意义

资料的整理，是根据调查 / 研究目的，应用科学方法，对取得的各种原始资料进行审查、检验和分类汇总，使之系统化和条理化，从而集中、简明地反映调查 / 研究对象总体情况的工作过程。

1. 资料的整理是调查研究中十分重要的环节。

通过问卷调查等方式收集来的资料，是零散的、不系统的，只能表明各被调查情况和反映事物的表面现象，不能反映调查对象的全貌及研究问题之间内在联系。而且用此方式收集的资料难免出现虚假、参差不齐、回收率低等现象，只有经过加工整理，才能使资料条理化、简明化，确保资料的正确性和可靠性。

2. 有效的资料整理，可以大大提高调查资料的质量和使用价值。

资料的整理过程是一个去粗取精、去伪存真、由此及彼、由表及里、综合提高的过程。它能有效提高信息资料的浓缩度、清晰度和准确性，从而大大提高资料的使用价值。

3. 资料的整理也是保存资料的客观要求。

如实地调查得到的原始信息资料，不仅是当时被访者做出决策的客观依据，而且对今后研究同类问题具有重要参考价值。

◎（二）资料整理的环节

资料的整理是从调查收集阶段到研究阶段必不可少的环节，资料整理的环节有分类、筛选、分析。

1. 资料分类。不同渠道、不同方法收集而来的资料应按来源、性质、主题进行分类汇总，将性质相同、同等条件上的资料归集在一起，也可根据收集时间、收集目的来归集，对资料进行分类分组，建立资料档案、资料卡片，便于查找的同时可做进一步的定性分析。

2. 资料筛选。将已分好层次、类别的资料进行筛选、考证，验证所收集资料与所研究问题的适用程度，同时进行补充、删减，以保证所收集资料的准确及真实。同时可将文字资料转化为数据形式，后期可对资料内容进行定量分析。

3. 资料分析。常用的资料分析方法有比较分析法、文献分析法。比较分析法是通过对研究资料的相似或相异程度进行分析考察，探索其规律性；文献分析法是通过收集、鉴别和整理对引用的文献进行文献综述。

第三节　会议组织与工作汇报

会议组织与工作汇报是新时代工作人员应该具备的一项最基本的工作能力，体现了一个人的思想方法和工作方法。

会议是一种常见的工作形式和手段，具有部署工作、树立典型、统一思想、鼓舞斗志等作用。因此，会议的组织历来受到高度重视。会议中，有时一些小细节被忽略，往往会给会议带来难以估量的影响。

工作汇报是各级机关和单位经常使用的一种应用文体，高质量的工作汇报不仅能体现汇报人的思想水平和工作能力，而且能赢得他人对汇报人工作的认可和支持。

一、会议组织流程

◎（一）会前准备

1. 拟定会议议程：会议时间、地点、议题和参会人员范围。

2. 准备会议材料：领导讲话稿和主持人主持词的撰写。

3. 确定会议主持人：将会议议程和主持词提前送达。

4. 安排会议场所。

5. 下发会议通知：电话通知或书面通知应包含会议时间、会议地点、参会人员、会议议程、注意事项等。

◎（二）会场布置

1. 正式会议一般设立主席台，安排参会人员的座席并准备好领导的座位牌，在会议开始前排好座席及座位牌。

2. 对于安排好座席的会场，应将会议资料袋在会议前摆放在座席上。

3. 需要用多媒体设备的，要在会议前安排调试投影设施、调音台、麦克风等器材。

4. 根据需要安排照相、摄像。

5. 准备会议签到表。

◎（三）会议进行

1. 做好会议记录，对参会人员的发言进行记录。特别是讨论性质的会议，记录内容会后须留存。

2. 注意维护会场秩序。

3. 督促搞好会议服务工作。

◎（四）会议记录整理

会议结束后，要及时整理好会议中的文字记录和图片、视频记录。

1. 整理好会议中的文字记录和图片、视频记录，进行备案。

2. 完成会议总结材料，材料内容应包括：会议议程各项内容、主要人员发言材料、会议讨论内容和总结性结论。

3. 整理完成会议总结材料后报领导审批。

4. 得到领导审批之后将会议总结资料归档保存。

二、会议准备注意事项

1. 在具备条件的前提下将参会人员的资料按每人次准备好，注意区分参会人员的角色，如分成会议主持、参会领导、参会普通人员，资料按照人员角色分别准备。

2. 会议资料较多时，需要按照会议议程将会议资料按次序排放，最好装订成册，编好页码，方便参会人员阅读。

3. 正式的书面会议通知应包含简要的会议议程说明、参会人员、会议时间、会议地点等。

4. 书面会议通知应通过正式途径发送给参会人员，如有必要可另行电话通知参会人员。

5. 会议前的告知事项，如会议通知应提醒参会人员准备好相关的资料。

6. 注意安排好专职的会议记录员，对参会人员的发言进行记录，特别是讨论性质的会议，记录内容会后留底。

7. 会议期间的纪律和要求，如参会人员就座后提醒全部参会人员关闭手机或调成静音。

8. 会议时间较长时，可适当安排中途休息时间。

三、工作汇报

◎（一）工作汇报中的常见问题

1. 主题不明确。汇报主题不明确，杂乱无章，没有汇报的主线和层次，叙事时，不得要领，不知所云，使得听者无法清晰地了解汇报人所阐述的内容主题。

2. 重点不突出。汇报没抓住重点，汇报内容与主题无关或关系不大，在汇报中泛泛而谈，无法将重点讲清楚，造成汇报混乱。

3. 内容空泛。汇报内容偏离本职工作，或与部门工作、岗位工作无关，夸夸其谈，假话、大话、空话连篇。

4. 无具体建议和方案。未对工作做出本质的分析和总结，工作汇报浮于表面，缺乏有力的数据支撑和说服力。汇报中仅提出问题，没有提供问题的解决方案或者建设性意见。

◎（二）工作汇报技巧

1. 汇报前要准备充分。在正式汇报之前，要进行分类归纳，整理出汇报材料的要点并列出提纲，厘清汇报的思路及逻辑。

2. 汇报情况要掌握准确。掌握汇报情况是汇报工作的前提和基础，对全面或重要工作的汇报，要集体研究；对涉及其他部门分管的工作要事先沟通；把握不准的内容要广泛征求意见，把汇报情况掌握准确；不要越级汇报。

3. 汇报重点要突出。根据汇报要求结合工作实际，把汇报的重点把握准，用“第一、第二、第三……”来分类，用明确的语言表述清楚，避免冗长的汇报，同时见机调整，对汇报对象比较关注的问题做重点汇报。

4. 汇报形式要多样化。汇报时可以根据实际情况，采取多种形式配合，如采取文字、图表讲解、多媒体与实地参观结合等形式，增强汇报效果。

◎（三）汇报原则

1. 精心准备。要写出汇报提纲或详细的书面报告，必要时可对报告内容做模拟练习，从时间控制、报告语言、逻辑框架等方面做好充分准备。

2. 实事求是。真实性是汇报的基本准则。汇报内容中的数据、信息、成果等应真实、准确、可靠，尊重客观事实，辩证地看待“报喜”与“报忧”。

3. 明确重点。汇报内容紧扣“主题”，抓住汇报的目的及重点，以及下一步的重点工作计划。

4. 换位思考。在汇报困难时，要善于转换角色，站在全局的角度提出所要解决的困难和问题，既要符合内部需要，又要考虑现实可能性。

5. 及时汇报。工作到达里程碑节点、遇到困难、出现失误、出现意外等情况要及时汇报，以便管理层及时掌握进度，做出相应决策。

◎（四）汇报方法

1. 日常工作汇报。KPT 法则：Keep，当前在做的工作以及在开展的项目描述；Problem，遇到的问题；Try，接下来的解决方案或新的尝试。通过这三个角度，反思工作流程和项目的现状与目标是否相背离，其核心目的就是起到反馈作用，让下次更好，即分析最近一次尝试（Try）过的结果，找出需要持续保持（Keep）的事项，然后列出需要改善的问题（Problem）和解决方案（Try）。KPT 法则的目标是把每个人在工作中感受到的发现转变为团队的发现，这个过程中的关注重点是工作过程和方法，而不是只看数字上的结果，从而提高生产效率，改进日常生产流程的管理。

2. 正式决策汇报。正式决策汇报包含四要素：事实、观点、建议、预测。

汇报内容尊重客观事实，重点事项要有细节汇报，并对所汇报的事实进行分析，得出结论；提出的建议要具体、明确；同时提出预测可能产生的结果和出现问题的应对方式。

第四节　职场礼仪与禁忌

职场礼仪指人们在职场中应当遵循的礼仪规范。良好的礼仪能树立专业的职场形象，也是个人综合素质和修养的体现。在复杂的人际关系中，通过职场礼仪保持冷静，按照礼仪规范约束自己，建立良好的人际关系，从而促进职场和谐，提升自己的工作能力。

一、握手礼仪

◎（一）握手的顺序

男女之间，男士等女士先伸手，女士不伸手，则无握手之意，男士改用点头或鞠躬以示礼貌；宾主之间，主人应向客人先伸手，以示欢迎；长幼之间，年幼者要等年长者先伸手，以示尊重；上下级之间，下级要等上级先伸手，以示尊重。握手通常要用右手，保持一到三秒钟合适，握手的时候目视对方，微笑致意或是问好。

◎（二）握手禁忌

忌不摘手套握手，忌交叉握手，忌左手握手，忌握手时面无表情或心不在焉，忌戴着墨镜、帽子握手，忌握手时用力过猛。

二、交谈礼仪

在各种交际活动中，谈吐的礼仪礼节是最基础的。下面就简单介绍一下谈吐中需注意的问题：语言表达简洁明了，语速和语调适中，保持良好的姿势和眼神交流；注意礼貌用语，称呼要多用尊称、敬称，少用爱称、昵称、别称，尽量不要直呼其名。

交谈时避免使用冒犯性语言，不要涉及对方个人隐私、轻视或嘲笑别人的短板及弱点，交谈内容要使对方感到愉悦并感兴趣，要格调高雅、欢快轻松。发问要适时，切记自吹自擂，交谈过程中身体适当前倾，耐心倾听适时回应，不要轻易打断别人谈话。

◎（一）交谈原则

尊重对方，理解对方；态度诚恳，语言得体；待人平和，及时肯定；举止大方，语气柔和。

◎（二）交谈礼仪的交际用语（表3-1）

表3-1 谈吐礼仪的交际用语

场景	用语	场景	用语
初次见面	幸会	看望别人	拜访
好久不见	久违	等候别人	恭候
与人分别	告辞	麻烦别人	打扰
请人帮忙	烦请	托人办事	拜托
请人勿送	留步	他人指点	赐教
请人指教	请教	赞人见解	高见
请人解答	请问	求人原谅	包涵
求给方便	借光	老人年龄	高寿
对方来信	惠书	归还原物	奉还

◎（三）交谈中应注意的问题

1. 忌经常向人诉苦，包括个人经济、健康、工作情况，但对别人的问题却不予关心，不感兴趣；

2. 忌唠唠叨叨，只谈论鸡毛小事，或不断重复一些肤浅的话题；

3. 忌态度过分严肃，不苟言笑；

4. 忌言语单调，喜怒不形于色，情绪呆滞；

5. 忌缺乏投入感，悄然独立；

6. 忌反应过度，语气浮夸粗俗；

7. 忌以自我为中心；

8. 忌过分热衷于取得别人好感。

三、介绍礼仪

介绍就基本方式而言，可分为自我介绍、介绍他人、被人介绍、集体介绍等。在作介绍的过程中，介绍者与被介绍者的态度都要热情、举止庄重大方。

◎（一）自我介绍

一边伸手握手，一边作自我介绍，主动打招呼，得到回应再报出自己的姓名、身份、单位及其他有关情况，语气诚恳，仪态大方。

◎（二）介绍他人

“五先五后”，即先幼后长，先男后女，先亲后疏，先上级后下级，先主后宾。介绍前，先了解双方有无结识意愿；介绍时，应简洁清楚，简要地介绍双方的职业、籍贯等情况，必要时可说明被介绍方与自己的关系，便于不相识的两人相互交谈。

◎（三）被人介绍

被人介绍时，要正面对着对方，显示出想结识的诚意，若在会谈、会议等场合，不必起身，只略微欠身或点头致意。介绍完毕后，双方握手示意，微笑寒暄，如你好、请多指教、幸会、久仰等。

男士被介绍给女士时，男士应主动点头并稍稍欠身，等候女士的反应。按一般规矩，男士不用先伸手，如果女士伸出手来，男士便应立即伸手、轻轻点头就合乎礼貌了。

◎（四）集体介绍

双方都是集体，都是单位，讲究先把地位低的一方介绍给地位高的一方，再把地位高的一方介绍给另一方。

一方是集体，一方是个人，就应遵循先把个人介绍给集体，不管个人地位再高、集体地位再低也要遵循这个规则。

四、着装礼仪

服饰礼仪是人们在交往过程中为了相互表示尊重与友好，达到交往和谐而体现在服饰上的一种行为规范。服饰可展示个体内心对美的追求、体现自我的审美感受，可以提升一个人的气质，其最高境界是达到内在美与外在美的和谐统一。在社交活动中，人们可以通过服饰来判断一个人的身份地位和涵养。人际交往中，首先要掌握服饰打扮的礼仪规范和原则，用和谐、得体的穿着来展示自己的才华和美学修养，以获得更高的社交地位。

◎（一）TOP 原则

着装要规范得体，就要牢记并严守 TOP 原则。TOP 原则是目前国际上公认的有关服饰礼仪的基本原则。T、O、P 分别是英语中 time、object、place 三个单词的首字母缩写。T 代表时间，泛指早晚、季节、时代等；O 代表目的、目标、对象；P 代表地方、场所、位置、职位。TOP 原则指穿着打扮应当与当时的时间、所在的公共场合和地点相适应。在正式场所，男士主要着西装，女士则以裙装为主。

1. 着装要注意得体与整体美。服饰只有美而得体，才是符合礼仪要求的。各式时装鞋、休闲鞋不能与正式礼服相配。穿西服时一定要配颜色适宜的皮鞋，忌戴帽子。西服的衣裤兜内，忌塞得鼓鼓囊囊。

2. 参加社交活动，进入室内场所时，均应摘帽、脱掉大衣或风雨衣等。男子在室内任何时候都不要戴帽子和手套，更不要戴墨镜。在室外遇有隆重仪式或迎送等礼节性场合，也不应配戴墨镜。有眼病需戴有色眼镜时，最好应向客人或主人说明并表示歉意，或在握手、交谈时将眼镜摘下，离别时再戴上。

3. 正式场合不要穿短裤、超短裤、紧身裤、背心等，内衣背心、衬裙、袜口等不能露在外衣外面。宴会联欢时女士应穿裙子。女士穿旗袍时，开叉不可太高。公共场合只穿内衣是非常失礼的。而睡衣只适宜在卧室穿着。在家里或宾馆内接待来宾和客人时，不得光脚，更不能只穿内衣、睡衣、短裤。

◎（二）不同场合的穿着

1. 工作场合，穿着上要尽可能朴素、大方、整洁，注意与特定场合的气氛融合，整体上和谐，避免着奇装异服。正式场合，应正装出席，有职业着装要求的，应着职业装。

2. 喜庆场合，通常指的是各式晚会、舞会、节庆集会及婚礼活动等。在这种场合，可选择色彩明快、款式新颖的服装与气氛相协调。男士可着西装、夹克衫等，女士可穿长裙、连衣裙、旗袍等服装。

3. 庄重场合，指商务谈判、大型会议、出访迎宾以及其他各种隆重严肃的庆典活动等。无论是否有着装要求，穿着都应注重端庄和规范。男士可穿同色同质的中山装、西装，穿西装要系领带；女士可穿西装套裙、连衣裙、旗袍。

4. 悲伤场合，主要指的是探视危重病人、参加葬礼之类的活动。在这些场合要注重着装的色彩要求，应穿深色或素色的服装、鞋子，一般不化妆和佩戴装饰品。

5. 公共场合，指街市商店、车站码头、公园剧院等公众活动的场所。穿着以大方、方便、舒适为原则，男士注意不要身着背心、脚穿拖鞋上街，女士也不宜穿着过于暴露的衣裙。

◎（三）着装切忌

1. 不整洁，不整，指不扣好衣服纽扣，或是不系好腰带、鞋带，或是内衣长于外衣，或是外套反着穿，或是帽子歪着戴，或是袖子裤脚高高卷起，或是忘了拉上裤子拉链等。不洁，即衣领不洁，袖口不洁，胸前不洁，裤脚不洁，鞋子不洁等。

2. 不搭配，即不协调，衣着与环境、气氛不协调。不分场合，胡乱穿衣。如穿着睡衣睡裤逛大街，打着赤膊招摇过市，穿着花哨华丽的衣服走进庄严的会议室，短裤背心参加高雅的音乐会，等等。

3. 不舒适，衣着不适合国情和民族的审美情趣，让人产生不舒服的感觉。如女性衣着过分暴露，学生衣着过分奢华、过分时髦，奇装异服等。

DAXUESHENG
ZIWO GUANLI JIAOYU YU SHIJIAN
（**GANGWEI TIYAN**）

第四章
应用写作与表达能力

大学生要实现自我管理，必须掌握学习、思考和表达这三项关键技能。在信息爆炸的现代社会，具备良好的应用写作和表达能力已经成为职场成功的重要因素。因此，大学生应该注重加强这些方面的学习和实践，不断提高自己的综合素质，以适应未来的职业发展和社会需求。

应用写作是一种基于特定目的的写作活动，其重点在于针对特定情景和任务采取适当的行文方式。与学术、文学、研讨等类型的写作方式相比，应用文写作具有显著的差异性。学术写作通常需要严谨的结构、准确的数据和深入的分析；文学写作则更注重情感表达和现实反映，是一种艺术创作。相比之下，应用写作是为实现特定目标而形成的文种，具有很强的实用性。应用文是我们经常用到的一种文体，如报告、简历、求职信、邀请函、策划书等。

表达能力是指能够将把自己的意图准确无误地传达给别人的能力，主要包括口头、语言、动作、图表等多种方式。随着经济社会的发展，良好的表达能力成为大学生求职必备的素质之一，它不仅关系到个人的职业发展，还关系到个人在社会生活中的成功和幸福。

因此，为了更好地适应未来的职业发展和社会需求，大学生应该注重培养自己的应用写作和表达能力，并不断提高自己的综合素质。只有不断提升这些技能，大学生才能更好地传达自己的想法、展示自己的能力，并在未来的职业生涯中获得成功。

第一节 应用写作概述

应用写作是为了解决社会生产和生活中的实际问题而进行的写作活动，应用写作能力对一个人的重要性不言而喻，它直接关系到一个人的工作效率和职业发展。

一、应用写作的沿革及含义

◎（一）应用写作的沿革

随着文字的产生，写作活动就应运而生。人类最早的写作就是从解决各种实际需求出发的，即应用写作是为了处理各项公务或个人日常事务。与应用写作相对应的文体被称为应用文，应用文是人们在社会生活中为处理日常公私事务而使用的文章的统称。在人类社会历史进程中，应用文是最早出现的一种文体，应用文的使用非常广泛，几乎涉及各个领域、各个部门、各个阶段和每个人，如学术论文、公文、请假条等。应用文是生产、生活中使用频率最高的一种文体。

我国的应用文历史悠久，已有几千年的历史。自从殷墟甲骨文作为我国最早的文字产生以来，应用文就伴随着人类文明的进步而不断发展。在殷墟甲骨文中，我们可以找到关于奴隶社会世系、气候、征伐等公务活动的痕迹，这可以说是严格意义上的应用文。

春秋战国时期，应用文文种增多，使用范围扩大。当时的应用文主要有书、檄文、盟书、辞令四类，这些应用文的出现为后世的文学创作和公文写作奠定了基础。

秦汉时期，公文文体分类和格式已基本形成。在这一时期，出现了许多应用文的代表作品，如《谏逐客书》《论积贮疏》《与杨祖德书》《出师表》《陈情表》《与山巨源绝交书》等。这些作品为应用文的发展与进步做出了重要贡献。

隋唐宋时期，应用文日趋完备，应用写作处于“政事之先务”的主导地位。这一时期，应用文的发展达到了巅峰，对公务文书的格式形成了一系列的规章制度，如一文一事制度、公文用纸制度、公文拟制与誊写制度、公文贴黄和编号制度等，这些制度促进了公务文书的规范化，至今仍有着重要的影响。

元明清时期，应用文的发展渐趋稳定。这一时期，对隋唐以后的新文体的研究，对应用文的理论研究有了新的发现和贡献；同时，对公文和档案的分工更加明确。

随着社会的不断发展，古代应用文尊君抑臣、文风古板、格式陈腐、语言晦涩等弊端日益显露，封建应用文已经到了衰亡阶段。近现代以来，随着资产阶级革命和社会主义革命的进行，应用文也发生了深刻的变革：文种由多到少、由繁到简，文辞日趋浅显易懂。

新中国成立后，应用文从逐渐衰亡走向新生，其发展的势头逐渐迅猛，受到了党中央的高度重视。1951 年，中央人民政府政务院颁布了《公文处理暂行办法》，把国家机关的公文定为 7 类 12 种；1981 年，国务院办公厅发布的《国家行政机关公文处理暂行办法》正式规定了现行公文的种类、名称和格式……随着现代经济和科学技术的发展，应用文写作的手段也在更新，使用电脑进行现代应用文写作，已成为主要方式。

中国应用文的发展历程让我们看到了它的重要地位，这项“经国之大业，不朽之盛事”的技能，是人类智慧的结晶。文以载道，一篇优秀的文章可能会像投石入湖般激起千层涟漪，引发众声回响，从而激励和凝聚人心，引导人们共同营造一个清正的社会环境。同时，应用文作为信息传递的载体，作为管理国家、处理政务、传达信息、组织策划、推广成果、发展科学，以及在社会、思想交流中使用的重要工具，已经成为信息时代不可或缺的重要传播手段和工具。[1]

学习应用写作，也是提高我们职业与人文素质的重要内容，就如同作家叶圣陶先生所言："大学毕业生不一定要能写小说、诗歌，但一定要能写工作和生活中实用的文章，而且非写得既通顺又扎实不可。"[2] 对于大学生来说，能否写出思想正确、观点鲜明、文理通顺、结构完整、语言流畅并有一定文采的应用文，是我们必备的一项基本技能，也是现代化社会生活所提出的重要任务。应用文能够帮助大学生明确自己的思想，疏通逻辑观点，提升语言表达的能力，是锻炼大学生综合素养的一种有效手段，是大学生在学校期间应该重点掌握和学习的一种技能，对于日后能够快速地适应现代化社会大有裨益。

◎（二）应用文的含义及特点

所谓应用文，是指人们为满足实际工作和生活需要而撰写的各种文章，如书信、通知、报告、计划、广告、说明书等，具有实用性、针对性、时效性、规范性、简洁性和条理性特点。

1. 实用性。应用文是为了解决实际问题或处理实际事务而撰写的，具有明确的目的性和实用性。应用文的撰写应以满足读者的需求和解决问题为目标，提供具体的指导和建议，以帮助读者更好地理解问题和采取行动。

2. 针对性。应用文是根据工作和生活的实际需要，针对特定的读者和场景进行撰写的，其内容和格式应符合读者的期望和需求，根据读者的特点进行个性化的定制和设计。

3. 时效性。应用文的撰写应符合当前的实际情况和背景，并具有一定的时效性。其内容应及时更新和调整，以适应当前的工作和生活需要，避免使用过时的信息。

1　赵新战 . 对高职高专应用写作教学与专业结合的思考 [J]. 教育与职业，2006（32）：142-143.

2　叶圣陶 . 作文要道一同《写作》杂志编辑人员的谈话 [J]. 中学语文，1981（6）：31.

4. 规范性。应用文的撰写应符合相关的法规和政策，包括语言、内容和格式等都应遵循一定的规范和标准。避免使用不规范的语言。

5. 简洁性。应用文应尽量使用简单、通俗的语言和表达方式，避免冗长和复杂的表述，易于读者理解和阅读。

6. 条理性。应用文的撰写应遵循一定的顺序和结构，并根据实际情况进行合理的组织和安排，以保证文章条理清晰和逻辑性强，以便读者能够快速、准确地理解和掌握内容。

第二节　应用写作的立意和材料

应用文写作需遵循规范，但并不意味着其内容枯燥乏味。相反，写作立意的创意性和格式的规范性体现了写作内容和形式的统一性。内容指的是作者行文中体现其思想的各种要素的总和，而形式则是将这些要素统一起来的内部组织结构和外在形态。形式呈现出多样性，其变换是为了更好地将内容统一起来。任何脱离形式的内容和没有内容的形式都是不存在的。

应用写作的两个基本要素是立意和材料，它们在应用写作中必须和谐统一。立意表达作者的观点，是应用文写作的精髓，起着决定性的主导作用；材料则作为支撑观点的重要部分，能够体现观点的逻辑思维，突出观点的鲜明性和真实有效性。这两个要素构成了学习应用文写作的关键之处，同时也体现了应用文写作的水平。

一、应用写作的立意

◎（一）应用写作立意的含义

“意”，就是意旨、宗旨，指文章表达的中心思想或主题、主旨。古人认为，在落笔之前必须先确定文章的主旨，即“未落笔时，先需立意”，并且

“文以意为主”。应用文章和其他文章一样，主旨是其灵魂。主旨的表达必须依靠相应的手段，但首先应明确的是，主旨在文章的整个写作过程中起着决定性的作用。好的立意应该简明，用一两句话就能表达出作者的观点，并进一步用材料进行扩充与证明。在应用文写作中，主旨的确定十分重要。因为受到格式的限制，作者不能够像散文，小说文体一样使用过多的修辞手法。但同时应用文篇幅有限，若读者能够通过简洁的语言感受到主旨的精炼表达，从而达到“言简意赅” 的效果，便能实现应用文的写作目的。

◎（二）应用写作的立意过程

应用写作立意的过程就是作者基于生活实践的需要，经过理性的思考确立文章主旨，并将观点注入实际应用文体的过程。这个过程是一个复杂的思维过程，由“生活、作者和文章”三个环节组成。应用写作的立意的复杂性体现在立意的客观性、写作者的主观性、观念的时代性、事物发展的科学性等方面。

人们常说“灵感”一词，绘画需要灵感，作曲需要灵感，写作亦需要灵感。应用文写作的立意过程好比灵感发酵的过程，写作是为了解决社会实践的需要，那么立意就相当于寻找解决问题的背后的逻辑和策略。为了规划好写作的立意过程，首先需要认真去观察，获得灵感；其次，需要足够的知识储备，去运行灵感；最后，将灵感呈现于大家可见的形式上，例如严肃的红头文件、精美的信笺纸或者随时可编辑的电脑文档。可见，应用写作的立意包含着事实的有效性和思维方式的复杂性。

在应用写作立意过程中思维的复杂性主要体现在以下几个方面：

1. 立意的客观性：作者需要基于生活实践的需要进行立意，确保文章的主旨符合实际情况，具有客观性。

2. 写作者的主观性：作者在立意过程中会将自己的主观思想、情感和经验等注入文章，使得文章具有主观性和独特性。

3. 观念的时代性：随着时代的发展，观念也在不断变化，作者需要在立意过程中把握当下时代的观念，使得文章具有时代性。

4. 事物发展的科学性：作者需要在立意过程中遵循事物发展的规律和科学原则，确保文章的观点和见解具有科学性和可信度。

总之，应用写作的立意是一个复杂的思维过程，需要作者具备观察力、知识储备和灵感表达能力，同时还需要把握立意的客观性、写作者的主观性、观念的时代性和事物发展的科学性等方面，使得文章具有说服力和可读性。

◎（三）应用写作立意的要求和表达

应用写作立意的要求是正确、鲜明、集中。立意要正确，即观点、主旨要符合马克思主义的基本原则，符合党的四项基本原则，符合党和国家的重大路线方针政策，符合客观实际情况，符合事物本身和社会发展的规律；立意要鲜明，即作者的主张要明确、态度要明朗，泾渭分明；立意要集中，即主旨的提出和确立要单一，观点的表达要聚焦到事物的核心，要抓住事物的主要矛盾和矛盾的主要方面。写作立意的要求只是写作过程中的一个外在约束力，要使得立意能够做到正确、鲜明、集中，还需要在立意的表达上下些功夫。根据对立意内涵和要求的理解，掌握立意表达的技巧，我们需要遵循一些基本原则：

1. 确保文章的主题专一。这意味着我们应该围绕一个主题或主旨展开，避免一文多主题。这样可以确保文章的主题或主旨清晰明确，避免混乱。一旦确定了主题，全文应该为此主题服务，内容的输出应该围绕这个主题或主旨所呈现的关键词来进行论述。

2. 突出重点。好的应用文应该在表达上体现出重要语句的概括性，同时将表达重要观点的语句放在文章的“心脏”位置，使读者或审阅者能够迅速领悟。这样可以更有效地传达信息，达到表达交流的目的。

3. 体现核心。这里的核心指的是文章的中心思想，即突出作者观点的语句。在我们刚开始学习文章时，教师就强调了归纳全文中心思想的重要性。因此，在写作应用文时，我们应该注意体现核心观点，明确主题，这也是学习写作应用文的基本要点。

二、应用写作的材料

◎（一）应用写作材料的含义

材料是作者为体现写作主旨，从现实生活和文献资料中收集到的一切有意义、有价值的能够反映某种社会现象、事实或真理的文字性资料。

材料一般可分为两类：一类是事实材料，指现实生活中客观存在的事物，如典型事例、基本情况、统计数字、报刊图片等。另一类是理论材料，指原理、观点、定理、定律、格言，以及党的方针、政策和国家的法律、法规等。理论材料重点解释事务的属性、发展以及变化形式，具有一定的引导性与权威性，例如党的方针政策，国家的法律法规等。

◎（二）应用写作材料的收集

1. 材料的选取来源于生活实践，故想要获得优质的材料，作者应该深入生活，仔细观察，用心体会。写作中涉及的人物、事件以及时间、地点等都需具有一定的真实性，要细致地了解和调查事态发展的整个过程，发现其中的亮点之处，再加以总结性的文字进行概括描述，而不能总是凭感觉去写作。

2. 相同材料呈现的差异在于作者对材料的应用，除了直接获取的材料外，还需要从各个途径获取已有的相关资料，用于对直接材料辅助与分析。

综上所述，应用文材料的选取要具有价值性和真实性，收集的方法主要有观察法、体验法、调查研究法以及文献查阅等。

◎（四）应用写作材料的选用

应用写作的重点在于突出观点，但观点的表明依赖于材料的支撑，对于收集好的材料，做好分类规整后，确定最终在应用文中使用的材料应该遵循以下原则。

1. 有典型性。选取精美且具典型意义的材料，在反映事务本质的基础上，能够总结出普遍性规律，具有一定的说服力和支撑力。

2. 有真实性。材料选取的基本原则在于真实，使用材料是为了更好地表明作者对此事的观点并非凭空捏造，能够有理有据地支撑作者表达的观点，且材料经得住大众的推敲和时间的考验，否则材料的价值会失去意义。

3. 有新颖性。要不断更新自身的知识容量，随着经济和互联网的发展，选取的材料多使用新名词、新概念，在保证内容完整性的基础上，这样的应用文会充分激发人的猎奇心里，引起读者的极大兴趣。

但要注意一点，这种“新”并不是一味地追求潮流，否则有哗众取宠的态势，而是在新发生的事件或新出台的政策上下功夫，发现材料的新价值。[1]

材料的选择要体现以上三点，再做好内容的充实性和结构的完整性，就能够清晰地表达出作者的思想观念。当我们准备好了有价值、有意义的材料之后，接下来就是对整个文章进行布局。

1. 结构上必须重点突出、层次清楚。

所谓布局就是材料的安排问题，通过已被筛选的材料，按照立意加以调整，使之所放之处前后联通，恰到好处，从而组合成一个完整和谐的整体。应用文也有详略得当、重点突出、中心明确的要求。写作中，最能体现中心思想的材料要被作为重点来写，篇幅也应相对长一些；那些起辅助作用的材料可写得简略一些，所占的篇幅也短一些，这样可在整体布局上做到协调统一。

2. 选择合适的表达方式。

表达方式的不同往往决定着应用文写作的高度，好的表达方式更能在优质的材料上起到锦上添花的作用。一般在撰写应用文时，都是以叙述说明为主，其中，应用文的记叙以时间线为主，讲究事情发展的顺序性，多采用平铺直叙，再加上应用文要求的简明性，故而减少了过多细节的具体描述。此外，应用文的议论要求论点正确而鲜明，论据确凿而充实。而具体表达方式的处

1　冯云超 . 应用文写作训练中如何组织和选取材料 [J]. 文理导航（上旬），2012（6）：53-54.

理要视文章体裁而定，有的侧重叙述，有的突出议论，有的强调说明。

第三节　表达能力与沟通技巧

表达能力和沟通技巧的重要性无法被低估。它们不仅是人际关系、职场成功和个人发展的关键因素，也是我们日常生活中不可或缺的一部分。有效的沟通和良好的表达方式是构建和谐人际交往的重要途径，不仅是一种职业需求，更是一种生存方式和本能反应。正如教育家卡特·罗吉思所言，如果我能够知道他表达了什么，如果我能知道他表达的动机是什么，如果我能知道他表达了以后的感受如何，那么我就敢信心十足地果敢断言，我已经充分了解了他，并能够有足够的力量影响并改变他。

有效沟通和良好表达对于大学生的生活和学习都至关重要。在学习中，与同学、老师进行有效的沟通可以促进相互理解，建立互助学习关系，提高学习效率。在生活中，与室友、家人保持沟通可以减少误解和冲突，保持良好的人际关系。在职场中，良好的表达能力和沟通技巧对于个体成功至关重要，它们有助于个体获得更多的机会和成就、建立良好的工作关系、充分展示个人的自信与专业素养。同时，良好的表达能力和沟通技巧也是解决问题和管理冲突的关键，当个体能够清晰地表达问题、倾听他人观点、寻求共识和寻求解决方案时，能够减少误解和误会，让问题得以迅速解决，并避免冲突的升级。

除此之外，良好的自我表达能力和沟通技巧还有助于个人发展和自我管理，使个体能够清晰地表达自己的需求、感受和目标，帮助他人更好地理解自己，并寻求个人成长和自我完善的机会，建立自信、塑造个人形象并实现个人目标。通过不断提升和发展这些能力，大学生可以更好地适应校园生活，实现自己的学习和个人发展目标。

一、表达能力

◎（一）表达能力的概念

表达能力是指一个人能够清晰、准确地表达自己的观点、想法、感受和需求的能力。它涉及使用适当的语言和词汇，组织和展示信息，以及有效地传达自己的意图和情感。表达能力不限于口头表达，还可以通过书面形式、艺术创作、肢体语言等方式进行。表达能力不仅涉及将思想转化为语言，还需考虑他人的需求，以便能够更好地与他人进行沟通和交流。

现代社会的快速发展，需要大学生主动出击，通过自我表达，展现出自己优秀的一面，从而受到社会的认可。

◎（二）表达能力的重要性

拥有出色的表达能力，不仅会提升办事的效率，更能够使人与人之间的相处变得舒适。良好的表达能力在一定程度上可以决定一个人的发展潜力。它是一把能打开人与人之间沟通的大门钥匙，通过沟通与表达，主客体之间产生思想碰撞，获得心理共鸣。

出色的表达能力并不是与生俱来的，它需要个体在日常生活中通过理论的引导，不断地实践练习，不断地反思与总结，日积月累地逐步提升。

1. 让别人更了解自己。

良好的表达能力使人们能够有效地表达自己的观点、需求和感受，同时使人们能够真实地展现自己的思想和情感。

语言是一门艺术，精确表达能让人准确获取信息，妙语连珠会让人感到轻松愉快。良好的表达能力使人们能够有效地表达自己的观点、需求和情感，易与他人产生共鸣。反之，如果一个人的表达能力差，逻辑不清晰，缺乏条理性，那么很可能使他人感到“厌烦”而不愿继续倾听下去，进而导致交流不畅。

2. 获取更多的机会。

面对激烈的竞争压力时，大学生一方面要用专业知识充实自己，另一方面要培养自己巧妙的说话艺术，才可以更好地展现自己的优势，占据竞争的有利地位。大学生可通过灵活地使用语言，以吸引观众的注意力，赢得更多的学习与工作机会。

3. 建起沟通的桥梁。

沟通能体现语言的存在价值，艺术性的表达能力可以很轻松地架起人与人之间沟通的桥梁。《邹忌讽齐王纳谏》中，邹忌巧妙灵活运用语言合理地向齐王提出建议的方式值得我们学习。在日常生活和工作中，灵活地使用语言进行合理表达能搭建起人与人之间沟通的桥梁。

◎（二）如何提升表达能力

1. 锻炼胆量。表达的第一步就是要敢于说出来，需要克服内心的自卑和胆怯，跨越语言表达的心理障碍，不要怯场，不要畏首畏尾，应当尽可能多地创造发言和与他人交流的机会，不断锻炼自己的胆量。在讲话之前，有准备、有计划、有条理；讲话时自信大方，沉着冷静。都说“台上一分钟，台下十年功”，表达能力的培养需要经常练习，才能熟能生巧。

2. 阅读和写作。阅读和写作一方面可以增加语言素材，提升自身的气质涵养；另一方面可以提高自己的语言能力，增加词汇储备，增强语言文字功底，从而更好地表达想法和观点。

3. 练习口语。通过与别人交流、演讲、报告，有助于提升口头表达能力，能更清晰地表达出自己的思想。

4. 认真听取别人的意见和建议，发现自己的不足，扬长避短，进一步提升自己的表达能力。

5. 拓展知识领域。博采众长，学习新知识、接触新领域，不仅可以增加我们的见识和知识面，还可以提升我们的思维和思考方式，从而有助于更好地表达自己。

6. 反思自己的表达方式。客观清醒地认识自己，善于反思和总结，明确自身的表达弱点，有针对性地进行改进和提高。多反思，善总结，补不足，常进步。

7. 学习表达技巧。意思相近的语言采用不同的表达方式会给人带来不同的感受。表达技巧的学习方式多种多样，可以在相关书籍中汲取语言表达的方式方法和技巧，也可以在与人交往中学习别人的说话艺术。

总之，良好的表达能力可以让大学生更好地与他人沟通，更好地获得他人的信任和支持，提高个体的社交能力和职业竞争力。为了培养良好的表达能力，大学生需要不断学习、经常锻炼和勤于反思。

二、有效沟通

◎（一）有效沟通的概念

无论是在工作中，还是在日常生活中，与人沟通必不可少。但何谓沟通，如何评价一场沟通的效果，怎样的沟通才算是有效呢，我们又该如何展开一场有效的沟通呢？

许慎在《说文解字》中对沟通有这样一段描述："沟，水渎，广四尺，深四尺"，"通，达也"。其赋予沟通狭义的表述为"开沟使两水相互连通"。沟通更为广义的含义为两个或多个对象对某个或者某类事件、信息和意见建议的交流。简言之，沟通就是信息交流，指将某一信息如事件、意见、看法等以简洁明了的方式传达给沟通对象，使其接收到传达的内容。

我们在生活中经常遇到费时费力地与对方沟通交流，却达不到自己想要的效果的情况，这种现象被称为无效沟通。那又何谓有效沟通呢？有效沟通是指成功地把某一信息传递给沟通对象，并能够使沟通对象做出预期中回应的整个过程。

德国当代最重要的哲学家、社会理论家尤尔根·哈贝马斯曾提出过沟通有效性理论，认为沟通的最终结果是沟通双方要达成共识，必须有理想沟通情境和沟通有效性两个前提。其中，沟通有效性必须满足四个条件：其一是通俗易懂性。一场有效的沟通必须建立在互相理解的基础上，即选择通俗易懂的语言和更容易让人接受的表达技巧，促进沟通双方的互相理解。其二是真实性。沟通需要提供一个真实的陈述意向。其三是真诚性。真诚是促使沟通双方敞开心扉、坦诚相待、保证沟通效果的基石。其四是正确性。正确的话语、合理的表达往往使听者更易接受。

一场有效的沟通通常具备以下四个特性：

1. 对象特定性：特定的传递方和接受方。

2. 互动回应性：参与沟通双方需进行互动、相互给予回应。

3. 理解一致性：沟通双方对所交流内容的理解是一致的。

4. 结果公认性：有效沟通的结果是得到一个沟通双方都认可，并具有可操作性的结果。

值得注意的是，前两个特性是所有沟通活动都普遍存在的，广泛存在于一切沟通中，而只有同时满足以上四个特性，才能称为有效沟通。

◎（二）沟通的要素及过程

沟通过程有五个基本要素，分别是沟通的主体、客体、介体、环境、渠道。这五个沟通过程的基本要素功能和角色各不相同，其中沟通主体对其余四个基本要素具有选择和决定作用，在沟通过程中往往处于支配地位。

1. 沟通主体是指通过与沟通客体进行有目的的交流，从而对客体产生影响的一类人或者一个集体，例如党组织、家庭成员、社会某一特定组织的集体等。

2. 沟通客体即是指沟通对象，沟通对象有个体沟通对象和集体沟通对象。其中，集体沟通对象又包含正式群体和非正式群体两大类。

3. 沟通介体承载着沟通的内容与方法。它作为沟通主体与客体之间的媒介，维系沟通主体与客体间的联系，保证沟通过程的正常开展。

4. 沟通环境主要指在进行沟通这一行为时所处的空间。根据空间的大小可分为社会整体环境和区域环境。社会整体环境影响着沟通主客体，例如沟通者所处的环境的政治制度、道德标准、价值体系等；区域环境则相对较为狭小，主要指个人所处的群落环境，诸如学校、单位、家庭等。

5. 沟通渠道的重要作用在于主体的表达途径。一方面，沟通渠道可以将主体表达的正确的思想价值观完整地传递给客体；另一方面，沟通渠道具有快速收集信息的能力，在进行沟通的过程中，迅速地反馈给沟通客体，全面提升了沟通的效率。沟通渠道具有多样性，包括座谈、邮件、海报、手势等。

◎（三）有效沟通的原则

人人都希望在沟通的过程中，达到预想的效果，不妨记住以下 11 条达成有效沟通的原则。

1. 给予沟通优先地位。重视沟通的人们会为沟通投入专门的时间。具体做法包括单独相处、关掉手机和网络以隔绝外界干扰。留出充分的时间和精力能够让参与沟通的人交换更多的信息，增加对彼此的了解。

2. 建立并保持眼神接触。在信息传播中，有声部分仅占 38% 的比例，词语占 7% 的比例，而由眼睛接收的信息占 55%。看着对方的时候，能够传递出“我正在关注你们”的信息，也能够及时地获取对方的非言语线索，包括眼神、面部表情、手势、身体姿势等。非言语沟通同样是不可或缺的部分。

3. 询问开放式问题。如果想了解对方对于某个问题的感受和想法，可以使用开放式问题，即“你怎么看待……”“你对我有什么感觉”，以此鼓励对方表达更为丰富和开放的想法，而不必使用“你是不是……”的是否问题。

4. 使用回应性倾听。有效沟通需要良好的倾听，而回应性倾听是一个必要的技巧。这包括概括或重述对方所说的话，并注意对方的感受。“所以你对这件事的想法是……”“你好像对我说的话感到不安，对吗？”这些表达能让对方体会到“我的叙述正在被认真倾听”，也给了对方一个机会，让其重新陈述那些没有被准确理解的感受。

5. 使用“我”作主语。以“我”开头说话而不是用“你”，这能让说话的内容集中于说话者的感受和思想，而不是将重点放在对对方的指责和批评上，后者更容易导致沟通过程中加重消极情绪。

6. 避免负面表达而谈论积极的一面。通过积极陈述来沟通彼此的想法，例如赞美和感谢；谨慎使用批评和反对。同时，把重点放在想要什么而非不想要什么。比如“请给我拿那个”，而不是说“我不要这个”。

7. 集中在核心问题本身。把话题集中在双方共同关心的核心事件上，而不是提起其他的无关事情。例如，如果有人提出与旅行无关的话题，我们可以委婉地提醒对方，说：“我们正在讨论我们的旅行计划，能否回到正题上来？”这样可以帮助双方更好地聚焦于核心问题，并提高讨论的效率。

8. 制定解决措施。沟通是为了把事情做得更好，而非重复问题。为了避免讨论的问题再次发生，可以和对方一起决定：“这件事如果再次发生了我们怎么应对比较好？”

9. 保持言语信息与非言语信息的一致性。一致信息是指言语和非言语行为相配合的行为。如果说着“好的，你是对的”，同时笑着拥抱对方，就是一致信息；如果说着“好的，你是对的”，同时摔门而去，所传达的是完全不同的信息，这会大大影响沟通的有效性。

10. 分享权力。人际关系中不满意的重要来源之一，就是权力的不平衡和权力方面的冲突。如果一个人越能感知到自己有权力，那么他 / 她在与对方谈话时就越容易成为主导者。所以有意愿分享权力是有效沟通非常关键的一步。

11. 保持沟通持续进行。可能有一些话题是较难沟通的，容易令沟通过程中断。为了保证沟通持续进行，沟通的参与者可以将信息的分享放在核心地位，相互鼓励以保持这个过程的活力。

◎（四）有效沟通的技巧与策略

1. 察言观色，学会倾听。

要注意观察他人的言行举止，正确判断他人的意图。人的表情和无意识的肢体语言能在一定程度上传递自己内心的喜怒哀乐，表明不同的心态和情绪。笑代表友善和愉悦，严肃代表有看法或意见。根据不同的情绪表达形式，对他人的脾气秉性进行简单的认知，再通过深入的交流沟通，获取与自己的共性和差异，以此对他人进行全面的认知。但值得注意的是，在沟通时，要保持注意力的集中，在礼仪上，这是对他人的尊重；实际上更是为接下来进一步的沟通做铺垫，以提高沟通的效率。此外，还应适时做出恰当的回应，如点头、微笑、赞美，促进相互理解，并与对方产生共鸣。

2. 互相尊重，懂得赞美。

在人际交往中，尊重与赞美是不可或缺的两大要素。首先，我们必须充分尊重他人，处处维护他人的尊严，设身处地地为他人着想。其次，适当的赞美也是必要的，它能给予他人肯定，提升他们的自信心，同时也能增进彼此的关系。学会正确地表达尊重与赞美可以帮助人们构建和谐的人际关系。

3. 选择合适的时机。

良好高效的语言沟通需要有较为合适的时间安排。在沟通对象情绪稳定的时候，谈一些沉重棘手的问题，对方能够接受的程度会更大。相反，在沟通对象面临高压或者存在焦虑的情绪时，谈及复杂的问题，很容易引起双方的冲突和矛盾，此时，就应该挑选一些愉快的话题来谈，既有助于舒缓对方的情绪，也能快速拉进双方的感情。根据交谈对象不同的情绪选择不同的谈论话题，不仅是实现有效沟通的一种重要途径，也能让对方感受到自己被尊重。

4. 实事求是。

在批评对方时，不能用“你从来什么家务也不做”“你总是在这种简单问题上栽跟头”等夸张、歪曲、绝对的话语。对方可能会争辩“我不是从来”

“我不是总是”，不仅对被指责之事矢口否认，而且可能还指责另一方不讲道理，并在到底做过多少的“次数”上纠结以至于转移了争辩的主要问题。

5. 学会换位思考，将心比心。

有效沟通需要学会换位思考，对他人的情绪感同身受。站在对方的角度和位置上看问题，将心比心，正确地理解对方的内心想法及内心世界，设身处地为对方分忧，并把这种理解传达给对方。

6. 不要把自己的想法强加给对方。

“己所不欲，勿施于人”，每个人都有每个人的想法，在沟通的过程中，既要“求同”也要“存异”，争取达成共识的过程中也需要尊重个性。有效沟通需要心平气和、头脑清醒地进行，而不是胡乱、武断地去臆测对方的心思并妄下结论。

7. 做好情绪管理。

做好情绪管理是有效沟通的一个重要因素。高情商可以帮助说话者提高他们的沟通技巧，特别是在有效沟通的能力方面。此外，同理心、同情心和接受不同文化风俗、不同的沟通方式和表达情绪方式的能力也是情绪管理的重要组成部分。

第四节　报告与演讲

大学生学会撰写报告与演讲的重要性在于它们与应用写作和表达能力有密切联系，并且对于大学生的未来职业和人生发展具有重要意义。

首先，学会撰写报告能够提高大学生的应用写作能力。撰写报告需要掌握一定的写作技巧，比如清晰的结构、恰当的语言表达和严谨的逻辑性。通过不断地练习和积累，大学生可以提高自己的写作技巧和表达能力，使自己的文章更加专业、规范。

其次，学会演讲能够提高大学生的表达能力。演讲是一种口头表达方式，需要大学生具备流畅的语言表达、清晰的思路和生动的演讲技巧。通过不断地练习和训练，大学生可以提高自己的演讲能力和表达能力，使自己更能够说服他人、感染听众，并有效地传达信息。

此外，学会报告与演讲能够提高大学生的职业竞争力。在求职和职业发展过程中，大学生需要提交求职信、撰写项目报告、进行口头汇报和谈判等，这些都是基于报告和演讲技能的运用。具备优秀的报告和演讲能力，可以让大学生更加自信、流利、有条理地表达自己的观点和想法，从而在激烈的求职和职业竞争中脱颖而出。

因此，学会撰写报告与演讲能够提高大学生的应用写作和表达能力，同时报告作为一种正式的文体，对于大学生来说也具有广泛的使用范围和实际意义。通过不断地练习和积累，大学生可以提升自己的职业竞争力，为未来的职业生涯做好准备。

一、报告

报告是一种比较正式的应用文，使用范围广泛。报告的对象一般为上级领导，主要用于向上级汇报相关工作，反映在工作中遇到的困难和建议，答复上级机关提出的问题等。报告中的内容有着明确的目的性，应按照上级部署或工作计划进行分项汇报，每完成一项任务，一般都要向上级写报告，属于典型的上行文。报告写作的要点是要阐明工作中的基本情况、取得的经验、存在的问题以及今后的工作规划等。报告表达的形式有邮件传递以及现场汇报，一般根据所处的环境进行相应的选择，而报告最终的意义在于得到上级领导部门的指导。

◎（一）报告的类型

按照报告范围，报告可划分为两个种类：一是专题报告，二是综合报告。根据应用文写作的需要，报告需选择合适的行文类型。

专题报告的形式较为单一，针对发生的某一个问题进行详细的说明，其中不掺杂额外的信息，以达到一事一报的行文特点和保证信息传递的迅速及时。如需说明后续的情况，则应再起一个专题，做一个单一的专题汇报。

综合报告的形式恰好与专题报告相反，综合报告在于阐明情况的多样性和全面性，重在一文多事的行文特点。在向上级汇报本单位、本部门一个时期内的情况时，应分点列举，在报告中全面表现各个方面的综合情况。

为了更好地理解报告的使用场合，报告可根据文种的归属进行广义上的分类，一部分归属于法定公文，主要包括《中国共产党机关公文处理条例》《人大机关公文处理办法（试行）》《国家行政机关公文处理办法》以及《中国人民解放军机关公文处理条例》所规定的报告这个文种，另一部分归属于非法定公文部分，这部分的报告也叫事务公文，包括调查报告、工作报告、情况报告、答复报告、报送报告、述职报告、审计报告、咨询报告、立案报告、评估报告等。[1] 其中常用的有调查报告与工作报告。

调查报告往往需要花费更多的精力去撰写，在开始撰写报告之前，需要进行实地调研收集可用信息，再将调查经过、情况、认识和结论用文字表达出来，用以反映事物的发展规律，并提出相应措施和建议，最终以一份完整的事务性报告文书呈递给直属上级。其中，报告的内容指向某一项工作、某一件事、某一个问题深入细致的调查研究。[2]

工作报告是向上级机关或重要会议汇报工作情况的报告，主要用于说明工作进程、反映工作中存在的问题、总结工作中的经验教训。根据时间的限制，工作报告可分为月份报告、季度报告以及年份报告。为达到实际工作的要求，在作工作报告的时候需要采取以下的技巧。

1　杨梅，杨柏林 . 浅谈报告的适用范围和写作要求 [J]. 应用写作，2005（11）：13-15.

2　鞠文博 . 调查报告的写作技巧 [J]. 秘书之友，2010（10）：28-30.

1. 态度要“诚”。

态度决定一切。工作报告的性质与其他的报告不同，工作报告写作的频率较高，内容需要严谨，故而在作报告的时候不能总是想着应付领导，把作报告看成是没有办法的事情。实际上，工作报告不仅是一份规范性任务，更是对自己劳动成果的尊重，是对自己负责的表现。只有在不断总结中，反思自己的不足，才能不断提高自己的水平和能力。

2. 报告概要要“明”。

工作报告的内容需要简明扼要地表达清楚事情的要点。故而，列出主旨鲜明的概要很重要，对整个报告起到画龙点睛、提纲挈领的作用。由于作报告的对象是大领导，他们时间有限，内容繁复且冗杂赘述会使得领导很难静下心来仔细阅读整篇工作报告。因此，概要能否非常明确地概括整个总结报告的核心内容就显得非常关键。在仔细检查报告内容时，需要明确：报告提交的对象；站在作报告对象的角度，把控报告的重点内容；概要内容分级逐条列出，并做出简要的说明。

3. 概括成绩要“实”。

工作报告的目的在于总结自己在一段时间内所做出的成绩，需要对自己取得的成绩做到高度完整的概括，要秉持实事求是的态度，不能夸大，所有的成绩都要经得起推敲。切忌为了表现自己，将日常分内工作夸大，或是贪功将别人的成绩据为己有，这是最基本的职业素质。只有实事求是地总结自己的成绩才能赢得领导、同事的尊重。只要是做出了实在的成绩，大家就都能看得到，不需要长篇累牍。

◎（二）报告的写作特点

掌握报告的写作特点，有助于更规范地呈现报告内容。报告的写作特点主要包括以下几点。

1. 内容的汇报性。报告，主要在于呈现汇报的过程。一切报告都是下级向上级机关或业务主管部门汇报工作，让上级机关掌握基本情况并及时对自己的工作进行指导，所以，汇报性是“报告”的一个重要特点。

2. 语言的陈述性。因为报告具有汇报性，是向上级讲述做了什么工作，或工作是怎样做的，有什么情况、经验、体会，存在什么问题，今后有什么打算，对领导有什么意见、建议，所以报告的内容就决定了行文上大多是采用叙述方法，即陈述其事。在简明扼要地表达问题的同时，提高了工作的效率。

3. 行文的单向性。法定报告一般是下级机关向上级机关行文，是为上级机关进行宏观领导提供依据，一般不需要受文机关的批复，属于单向行文。

4. 成文的事后性。多数报告都是在事情做完或发生后，向上级机关做出汇报，是事后或事中行文。

5. 双向的沟通性。报告虽不需批复，却是下级机关以此取得上级机关的支持指导的桥梁；同时上级机关也能通过报告获得信息，了解下情，因此报告成为上级机关决策指导和协调工作的依据。

◎（三）作报告前的准备

为了呈现更好的现场效果，在作报告前需要做些准备工作，以保证作报告的顺利进行。最重要的是了解报告成员的组成，根据不同的人群做好报告内容的准备。如果是向领导作报告，着装应当整齐，报告内容应当严谨与准确；如果是培训专题报告，就要注意报告时语言的通俗性和亲和性。针对报告的对象与可接收程度等基本情况对报告进行提前准备。

◎（四）作报告的技巧

报告是领导活动的一项重要内容，除了在作报告前做好充足的准备外，还需要认真揣摩与掌握必要的技巧。作报告的技巧主要表现在以下几个方面。

首先，要重视角色意识。在作报告前，定位本人所处的角色以及观众中的角色组成，了解报告现场组成人员的基本情况，包括观众的年龄、学历、职务、职业及对报告内容的理解程度等，根据实际的情况对报告内容进行详略得当的调整。

其次，要讲好开场白。精彩的开头是作报告成功的一半。应用巧妙的开头，再加以充实的内容、简明的总结，那么这份报告就会非常完美。而好的开场白应做到两点：一是创造良好的气氛。可以采用情感代入的方式，寻找与大部分观众的共性，进而再开始阐述问题，让观众对报告者的角色认同，感到大家都是自己人，进而拉近与观众的距离。例如某位领导在作教师工作的指导报告中，一开始就说道："各位同事大家好，我也是毕业于师范院校，当过几年的教师。"此时观众都会被他接下来的话吸引，找到身份的认同感，提升他报告内容的信服力。二是激发观众的兴趣。可以用幽默的故事开头，也可以用提问的方式吸引观众的注意力，除此之外，最常用的方式就是讲述与此次报告相关的亲身经历，发挥以"人"为中心的理念，而不是只讲一些空洞的理论内容。

再次，报告的主题要突出。根据专题报告的写作特点，遵循一文一事、一场报告也只能有一个主题的原则，如果主题太多，重点不突出，容易混淆观众对事物本身的看法，出现蜻蜓点水、不深不透的结果。因此，报告者必须紧紧围绕一个主题，把问题讲清楚讲深透，从而使报告重点突出，给观众留下深刻的印象。同时，作报告的人还应具有较高的政治理论水平和品德修养，这体现在作报告时所用言语的准确性。当然，语言的精准并不是要表现出高大上的内容，而是需要用准确的语言讲出通俗易懂的话，让观众听得清晰明白才是报告的宗旨。要想表达准确，报告者就要对所表达的事物熟悉了解，做到概念准确、判断恰当、用词贴切。报告语言要通俗、丰富，是指除了少数较严肃的报告外，多数报告语言要力求口语化，选择一些观众喜闻乐道的词汇，既生动又活泼，让观众爱听、听得明白舒畅。

最后，展现报告的幽默风趣。除了部分法定公文的报告外，事务性报告也可以使用幽默语言。在报告中选择恰当的事例，以幽默风趣的语言呈现，不仅有利于观众的理解，增强语言的感染力，而且能够极大地加强观众对报告内容的印象，冲淡报告者与观众之间的潜在隔膜。高雅的幽默，能够快速地掌控作报告的节奏，使观众通过笑声在不知不觉中接受你的观点。[1]

二、演讲

演讲是一种面向公众进行的正式讲话，是演与讲的配合。演讲者在一个特定的时空环境中，以有声语言为主，辅以身体语言，就某一事件、某一问题向听众宣传思想、表明主张、表达观点、交流感情、提出倡议等，进而说服和鼓舞公众，得到他们的拥护和支持。[2] 演讲稿正是为此而写的书面文稿。现代社会各行各业都离不开演讲，而一篇富有感染力的演讲稿对演讲更起着举足轻重的作用。演讲者在演讲时可自由发挥的力度较大，可以单向思维、单独表达，但这并不意味着可以不讲规则、随意表述。[3]

◎（一）演讲前的准备

我们常说，不打无准备的仗，机会是留给有准备的人。对于演讲来说，为了确保演讲的成功，充分的准备是必不可少的。演讲属于现实活动范畴，演讲者可能会面临各种突发状况，比如设备故障、观众提问等。如果不做好充分的准备，即使有自由发挥的空间，也可能会出现逻辑混乱等现象，导致演讲失败。因此，演讲前的准备工作就显得极为重要。只有做好了充分的准备，演讲者才能更加自信地面对观众，确保演讲的逻辑性和连贯性，从而取得成功。

1. 演讲稿的准备。写演讲稿也是应用写作中的一个重要类型。首先，演讲必须有一个清晰明确的主题，原则上与专题报告一致，一个演讲一个主题。其次，演讲稿不一定要落笔成文，但出色的演讲少不了事先认真地撰写提纲。一份主题突出、观点鲜明、层次清晰的提纲，是演讲必不可少的骨架。

1　练玉华 . 作报告的技巧 [J]. 领导科学，1991（11）：40.

2　张茹 . 职场中演讲礼仪的原则与技巧 [J]. 企业导报，2014（9）：177-178.

3　马丽 . 浅析演讲的修辞原则与技巧 [J]. 文学教育（下），2016（11）：86.

提纲是为了帮助演讲者更加清晰地梳理演讲的内容。一场成功的演讲往往是演讲者在提纲的基础上根据现场的情况和自己的思路进行恰当的发挥，从而打动观众。如果条件允许，演讲者应进行必要的预先演练，提高语言的流畅度，提前发现问题并得到有效的解决。

2. 反复练习，注重形象。背演讲稿也许是一种必要的准备方式，通过不断地机械重复，加深对演讲内容的记忆和理解，虽说没有什么技巧性可言，但至少能够保证演讲的顺利进行，而不至于出现“卡壳”的情况。演讲者是用整个身体在进行表演，反复练习的目标除了有声内容的流畅性之外，还包括面部表情、手势动作、身体姿态乃至一切可以理解的态势语言的完美配合。此外，演讲者一定要精心修饰仪表，细心选择服饰。服饰应以整洁、朴素、大方为原则。男士的服装一般以西装、青年装为宜。女士的穿戴不宜奇异、耀眼，过于艳丽的服饰容易分散观众的注意力。[1]

3. 日常积累。林肯曾说，我相信，我若是无话可说时，就是经验再多、年龄再老，也不能免于难为情的。这句话意义深刻，一场精彩的演讲必定经过无数次的打磨和充分的准备，即便是即兴演讲，也离不开平时的积累。大多数杰出的演讲者，在平时都具有多看、多想、多问、多记的好习惯，这是积累素材的必要环节。只要胸有千般竹，随处都能画出竹子的模样。因此，即使是即兴发挥的演讲，也能运筹帷幄，发挥出最佳的状态。

◎（二）演讲者遵循的原则

演讲虽然是一种随性的表达方式，但作为社会活动中的重要组成部分，演讲者必须展现谦恭、自信和真诚的态度。只有遵循这些原则，演讲者才能确保演讲具有影响力和有效性，从而达到预期的沟通效果。

1. 谦恭。尊重是礼仪的核心，也是马斯洛需求层次理论中的高级需求。任何人都不喜欢自大和颐指气使的人。在演讲中，听众不仅关注演讲的内容，

1　张建宏 . 演讲的技巧与礼仪 [J]. 秘书，2013（7）：20-21.

还非常重视演讲者对他们的态度。因此，尊重听众对于演讲的成功至关重要。无论面对什么样的听众，演讲者都应该以尊重为前提，适时地向每一位听众表达好感、敬意和尊重。例如开场时的问候、致辞中的答谢、交流中的敬语、临别时的赠言等，这些细节均能体现对他人的尊重和自己谦恭的态度。

2. 自信。优秀的演讲者除了语言艺术的精湛表现，还需要展现出姿态的感染力和对舞台的自信。这需要演讲者能够自如地掌握面部表情，经常面带微笑，并勇于与每一位听众进行短暂的目光交流。在竞争性的演讲中，演讲者需要给自己积极的心理暗示，坚信自己能够大放光彩，并且不要因为谦恭而自卑或底气不足。

3. 真诚。演讲者通过语气、语调、声音等方面的变化，以真挚的情感表达内心的想法，这种行为不仅能够产生强烈的感染力，引发听众共鸣，而且能够创造良好的演讲氛围。这种情感表达方式是优秀的演讲者常用的手段，能够让听众感受到演讲者的真实心声和意愿，从而产生更深刻的印象和体验。

◎（三）演讲者语言的艺术

演讲是一种单向的言语表达活动，即使包含互动环节，其最终目标也是将演讲者的个人观点单向传达给听众。因此，为了让听众易于接受并且行动起来，演讲者需要使用通俗易懂、生动形象、富有感染力的语言，以吸引、激励、鼓舞和感召听众。只有这样，演讲才能实现其目的，让听众真正接受并行动起来。

首先，语言的通俗易懂至关重要。因为演讲材料是通过口头表达的，为了便于听众理解，演讲语言必须有中心语句、简洁明了。例如，爱因斯坦用通俗易懂的比喻来解释相对论的本质，对比在寒冷环境中等待女儿回家与在舒适环境中和女儿相处的同样 10 分钟，前者显得很漫长，后者则瞬间飞逝。虽然演讲内容涉及深奥的科学道理，但没有使用晦涩难懂的学术术语，因此听众易于接受。

除了通俗易懂，演讲语言还要活泼、形象、生动。为了增加演讲的趣味性、感染力，吸引观众的兴趣和方便听众理解，演讲者可以使用一些修辞手法来丰富演讲的内容，例如比喻、排比、引用、对比等。但要注意避免低俗浅薄的语言，保持规范化的口头语言和大众化的质朴语言。如恩格斯的《在马克思墓前的讲话》，把马克思的“逝世”改成“睡着了”，这样不仅形象地写出马克思逝世时从容安详的神态，还包含了作者内心无限悲痛的感情。亚里士多德曾把演讲术称作“修辞术”，可见修辞对于演讲的重要作用。[1]

◎（四）演讲的技巧

怎样才能吸引听众的注意力，做一场成功的演讲呢？关键还需要在以下这些地方下功夫。

1. 标题。演讲稿在本质上属于议论文的范畴，但它在说理的同时，总是以某一种精神鼓舞人，以真切的感情打动人。演讲稿、书信、倡议书等以前称为应用文体，现在高考称其为实用类文体。实用类文体的写作没有规定的固定模式，而标题往往是决定文稿写作成败最关键的部分。标题是文章的“眼睛”，一个好的演讲稿标题能够从一开头就牢牢抓住听众的注意力和好奇心。标题必须点名主题，不能为了追求标新立异而设置空洞且与正文内容完全不符的标题，这样会让听众感觉演讲者在故弄玄虚，给听众留下不好的印象。

2. 善用修辞。演讲以讲为主，以演为辅，更加注重的是“说出来”。在表达的过程中，演讲者如若能用口语化的语言阐述较为深奥的理论与观点，不仅能够吸引观众的注意力，还能拉近与观众的距离，达到获得支持者的目的。在口语化的表达之中，演讲者也可以应用排比、比喻的形式穿插一些巧妙的设问，在应用这些技巧时，要注意不能过度使用修辞的手法以免让句子显得矫揉造作。多使用过渡句或者过渡段，可以让整个演讲更加流畅和连贯，常见的过渡段主要有以下几种形式：承上，总结前面文段论点的内容；启

1　周莹 . 论演讲的语言表达技巧 [J]. 今古文创，2020（31）：53-54.

下，简明引出后一段的观点；承上启下，既有上段的总结，又有下段的观点。过渡段落应注重简明扼要地表明上下段的关系。

3. 字斟句酌。中国人对文字有着独特的审美，对于这种在群众集会上或会议上发表的演讲稿，必定是精心打磨、反复修改后才会呈现的。这一点集中表现在古代诗词中文字的使用上，例如王安石在《泊船瓜洲》中写道“春风又绿江南岸”，起初他发现该句中的“绿”字不妥，后一改再改，先后使用了“到”“过”“入”“满”等字，最后为了照应下文的“明月何时照我还”又用回了“绿”，这才有了我们现在的千古名句。演讲在遣词造句中也需要苦下功夫，用词的准确性和恰合性不仅能够让听众感受舒适，而且也能体现演讲者的专业水平。

4. 节奏把控。演讲中声音的应用要有高有低、有详有略、有缓有急。欲要打动别人，必先打动自己。演讲中，演讲者要根据内容、情节和逻辑的发展变化，用中气、底气、丹田之气，进行音高、语速、语气的变化，适当应用停顿等控制节奏以突出重点。

5. 引经据典。演讲中，演讲者适当引用一两句名人名言或者一两个小典故，甚至是自创的用以自励自警的句子，能够让听众加深印象、增强对演讲者观点的记忆。

6. 照顾听众。演讲的对象始终是听众，听众的感受是对演讲者最好的评价。演讲者在演讲的时候一定要分清主次，不能只顾着做自己的舞台主角。有部分演讲者在演讲时激情澎湃，自我代入感太强，而忽略了听众的感受，进而毁掉了整个演讲。

7. 学习他人，重复他人。人类的进步都是站在前人的肩膀上取得的，故而有“活到老，学到老”的谚语。人生不设限，而人的认知能力总是有限的，力不所及的地方总是存在的，所以我们不断地学习新知、学习他人、重复他人。但是我们要聪明地重复、有所创造地重复，即在前人的理解上加入自己的思考，转化为自己的新的知识。这就要求我们多读书，多积累；重视每一次的演讲，精心准备；尽可能地利用机会反复演练、反复登台当众演说，这样我们就能够掌握演讲这门艺术。

【案例分享】

A 校毕业生就业意向调查报告

高校毕业生就业一直以来受到国家、各地方教育部门以及高校的高度重视，为此，国家出台了一系列保障高校毕业生就业创业的政策。2023 年春季，又迎来了高校毕业生的择业黄金期，为广泛推动稳就业政策进校园，着力提升毕业生就业工作取得实效，A 校在 2023 年 3—7 月份陆续开展的校企合作的大型双选会现场对广大毕业生的就业意向进行了调查。

一、调研目的

高校毕业生就业是关系民生、社会稳定的重要因素，也是检验高校人才培养、全面推动学校教育教学高质量发展的一个重要评价指标。此次调研的目的是通过高校调查，了解 A 校毕业生对自己在校表现的总结、职业生涯的规划、就业创业政策的解读以及对于校企合作模式的满意程度和建议，进而通过信息的收集、整合、分析和归纳，为 A 校开展的毕业生就业工作提供一定的指导。通过分析毕业生的评价和择业意向，重点关注较多毕业生选择的就业意向，对人才培养方案进行改进和优化，保障高校毕业生的“不断链式”就业。

二、调研工作的方法和对象

本次调研我们主要采用如下方法。

1. 实地调查法：在 A 校火热进行的大型双选会现场进行调查，事先通过资料了解各大企业的用人需求，统计接收简历的数目和毕业生的投递类别；现场观察毕业生聚集、询问较多的企业；分析毕业生就业意向强烈的职业类型。

2. 访谈法：针对A校历年来的就业环境、各个专业的设置与发展、毕业生就业意向的类别，分别从各专业中随机挑选毕业生进行专题访谈，重点了解就业政策的落实以及就业意向的依据。

3. 问卷调查法：向全校毕业生发放《××学院就业意向调查问卷》。

此次发放调查问卷1330份，共收回调查问卷1330份，有效率为100%。回收问卷中愿意就业的有865份，其中，选择台资企业的178份，选择民营企业的510份，选择合资企业的92份，其他85份；想要继续学习深造的有103份；选择考公考编的有317份；无明确就业意向的有45份。

三、调研的内容

A校的毕业生就业意向调查结果统计表明，65%的毕业生选择在毕业之后进入企业工作；想要服务基层，进入国家政府机构的毕业生占到23%；只有约4%的学生对自己的就业无明显规划。

四、建议与意见

基于以上调查分析，在今后的工作中，A校建议着重加强以下三个方面的工作，开拓市场化社会化的就业渠道，全面普及高校毕业生的就业政策，进而强化毕业生就业意向，提高人才资源的利用率。

（一）扩充就业容量，做好就业工作

大力激发企业吸纳活力。鼓励企业更多地走进校园，积极地吸纳大学生就业。根据不同学院的就业形势，在毕业学年初期提前组织开展就业冲刺计划，对全校毕业生的留筑就业、高品质就业、困难群体毕业生就业及毕业去向落实率等方面进行数据调查，同时根据上级最新下发的就业文件，对新学年的就业工作做好详细安排部署。要求相关单位要充分认清当前严峻的就业形势，夯实就业工作责任，多出实招并采取行之有效的工作办法，全员促就业。积极贯彻落实学校《毕业生就业创业质量提升行动方案》，及时地制定毕业生就业工作举措，“稳就业”“保就业”，确保A校毕业生就业局势稳定。同时，二级学院作为就业工作主体，要加大“访企拓岗促就业行动”力度，千方百计扩大就业市场、拓展就业岗位；加大全员帮扶毕业生就业力度，尤其是困难群体毕业生，要做到“一生一策”，精准帮扶；要深入研究就业政策，用好用足就业政策和资源，全方位开辟就业通道，引导毕业生改变就业择业观念积极就业。另外，还要坚定目标，内挖潜力、外拓资源，做实做细毕业生就业指导，广泛拓展就业岗位，全力以赴做好A校毕业生就业工作。

（二）加强政策宣传，做细服务保障

高校毕业生享有相应的创业就业补贴。分析A校所在地区的就业政策可知，创业每带动1个人就业，就能享有创业孵化项目补贴，故而应积极地引导学生创业带动就业。落实困难群体补贴，及时发放一次性求职创业补贴，同时，建设就业帮扶平台，设立残疾学生专项就业补贴。在毕业季来临之期，应加强就业指导服务，健全职业生涯教育体系，完善就业指导课程体系，推进职业生涯咨询（职业指导）工作室建设；做好政策的宣传解读，充分发挥毕业生的专业特长，积极引导毕业生到城乡社区就业。

调查结果显示，有23%的毕业生愿意去往基层服务。国家对于基层服务的高校大学生，制定了一些特殊的政策。例如，乡镇机关事业单位在编在岗工作人员执行岗位补贴；在艰苦边远地区范围的县（市、区）机关事业单位工作的高校毕业生，可享受艰苦边远地区津贴；保障升学通道，如若在大学期间参加过“西部计划”“三支一扶”“特岗教师”等项目，服务期满、考核合格的学生同等情况优先录取等。在推进就业工作计划时，应加强对有相应求职意向的学生进行政策的解读与宣传，及时召开相应的座谈会、研讨会以及讲座等，做好就业保障服务，确保毕业生就业时能够获得充足的信息，能够提前做好求职的准备，从而增强毕业生积极的求职意向。

（三）强化供需对接，提升就业能力

“内外联动”促进对接。集中开展“服务促就业·筑梦赢未来”系列公共招聘活动，充分发挥A校所在省市的经济发展战略牵引作用，根据学院的建设要求主动邀请各州市的企业单位赴校招聘；紧贴青年生活习惯，创新开展“人才夜市”招聘活动。据统计，在3—7月的招聘活动中，A校共开展线上线下招聘会20余次，每次参加的企业平均有40家，提供就业岗位3000余个。就2023年6月，A校开展高校毕业生专场招聘活动11场，共促成970名毕业生达成就业意向。

在现场的调研过程中，我们发现毕业生在求职面谈时存在着一定的问题，例如其表达能力、自我形象的管理以及逻辑思维的展示等还是比较薄弱，因此我们也深感加强学生自身能力的重要性，并且对于如何在求职中展现最好的自己进一步加强了教育培养。即从人才培养的整体观出发，整合各方面资源，成立专业的就业培训教研室；积极推动教育教学改革，突出表达沟通能力课程、形象管理与心理建设等指导课程的重要性，使得学生在激烈的就业竞争环境下，能保持良好的心态，展示自己。同时，积极地引导学生进行职业生涯规划，帮助学生根据自身的气质类型做好职业定位，认清自我的职业目标，以免出现好高骛远或者人才资源浪费的现象；加强毕业生创业意识的培养及面试方法与技巧等的指导，帮助毕业生更好地实现就业。例如，多次开展模拟求职现场等活动，通过模拟，让学生感受现场氛围，得到专业教师的指导，锻炼自己的应变能力及心理适应能力等。

在调研过程中我们发现，大学生对于求职环境的变化十分敏感，小部分学生为此过度担心以至产生焦虑的情绪，再加上对自我的认知不清楚，怀疑自己的能力，无法正确地剖析自己，出现“躺平”、随大流的状态。而积极地开展就业意向调查，能够帮助高校毕业生确立就业目标规划，推动毕业生的就业发展以及提前干预毕业生不良的就业状态。

A校的这一项推进就业的举措是正确的，应该继续践行，且在未来的高效发展中，根据每年就业环境的变化，对调查的重难点进行调整和优化，以达到更好促进就业的效果。

DAXUESHENG
ZIWO GUANLI JIAOYU YU SHIJIAN
（GANGWEI TIYAN）

第五章 大学生自治管理岗位体验实践

学生自治从内涵上讲包含三层意思：一是“学生”指全体学生；二是“自治”指自己管理自己；三是“学生自治”指一种学习自治的过程。学生自治从本质上讲并不仅仅是学校内部管理改革的举措，也不仅仅是提升学生地位之需，而是为社会培养具有自治能力的公民奠定基础，是为未来社会自治作预备。[1]学生自治管理岗位体验是推进学生自治工作的重要环节，它可以让学生更充分地了解学校管理的流程和要求，从而更好地参与到学校的管理中来。通过参与管理，学生可以提升自我管理能力和责任感，提高沟通能力和协调能力，增强社会实践能力，促进自我的全面发展。

大学生自治管理岗位体验是指大学生在协助教师处理学生日常事务及各种活动中的自主历练，是自我提升自律、自觉、自信意识和能力的过程。岗位体验可以让学生学会班级自治、自主管理，能够有效提高学生的自我管理能力及自我管理水平。这种实践可达到让大学生“自治”的目标，让每个大学生有一份主人翁意识，有一份为班级奉献的精神，消除个别学生的“自私”心态，不再是“人人为我”，而是“我为人人”。

大学生自治管理岗位体验是大学生进行自我管理教育与实践的重要途径，是培育大学生“三自”能力的重要一环。积极推行学生自治管理岗位体验有利于培养大学生的自我认知、自我供给、自我更新、自我约束、自我发展的力量，并使之不断地发育成长，不断地壮大。[2]

---

1 胡金平．陶行知的学生自治观及其现实意义 [J]. 江西教育科研，2007，（10）：30-32.

2 刘志国．大学生自我教育、自我管理、自我服务能力的培育 [J]. 黑龙江高教研究，2014，（4）：54-56.

第一节　学生自治管理岗位体验概述

自治管理岗位体验是指学生在校园内担任自治管理职务，如团学干部、学工助理中心干部及成员、社团负责人、勤工俭学中心提供的相应岗位等，通过参与校园事务的管理和决策，提高自身的领导力、沟通能力和团队合作能力等。

一、学生自治管理的概念及意义

◎（一）学生自治管理的概念

学生自治管理是指学生在学校的管理体系中，通过自我管理、自我教育、自我服务的方式，实现对自己的管理和对校园事务的参与。学生自治管理的意义在于培养学生的自主管理能力、团队合作能力、社会交往能力等综合素质，提高学生的社会责任感和奉献精神，增强学生的独立思考和判断能力，为学生的未来发展奠定基础。学生自治管理的特点是学生在学校管理中的主体性和自主性，学生不再是被动地接受管理，而是积极地参与到学校的管理中，成为管理的主体。

◎（二）学生自治管理的意义

学生自治管理对学校和学生都具有重要的意义。

对学校而言，学生参与自治管理可以提高学校的管理效率和质量。学生在学校的管理中发挥主体作用，可以更好地了解学生的需求和问题，更好地满足学生的需求，从而提高学校的管理效率和质量。

对学生而言，参与自治管理可以提高自我管理能力和综合素质。同时，也可以提高学生的组织能力和协调能力，培养团队合作精神和社会责任感。

总之，自治管理是一种有效的学校管理模式，可优化对学校管理资源的科学利用，降低高校管理工作的资源负担，实现学生管理工作效益的最大化。[1]

二、学生自治管理岗位的类型及职责

大学生自治管理岗位是指在学校团学组织、学工助理中心和勤工俭学中心等学生自治组织中设立的管理岗位。这些岗位的设立旨在让学生在校园生活中发挥自己的才能，培养学生的自主管理能力、组织协调能力和社会服务意识，提高学生的综合素质和就业竞争力，同时也为学校的管理和建设做出贡献。

下文将分别介绍团学组织、学工助理中心和勤工俭学中心三大学生自治组织中的学生自治管理岗位类型及职责。

◎（一）团学组织的学生自治管理岗位

1. 团委职责。

（1）团委文件起草、印发、登记、传阅、立卷、归档工作和有关材料收集，做到件件工作有落实，有回应。

（2）筹备组织有关会议，做好会议准备和记录。

（3）做好团员管理和团员登记、统计和团员花名册及办理结转团组织关系等。

（4）根据“学生名册表”和“团员情况登记表”查核已结转团关系的团员，催促未结转的团员尽快办理结转手续。

2. 学生会职责。

（1）学生会主席：全面主持学生会工作，代表学生会与团组织进行沟通和联系，领导和评定学生会各部门的工作，关心全体成员的思想和学习情况，听取他们的意见和建议。

（2）学生会各部门岗位职责：根据学生会的宗旨和任务，制订本部门的

1　张玉梅 . 高校学生自治管理存在的问题与破解路径 [J]. 人民论坛，2022，（2）：105-107.

工作计划并组织实施，开展各种有益同学身心健康的活动，及时向学生会主席团汇报工作情况。

（3）学生会干部培养选拔：在团委的指导下，培养选拔管理学生会的干部。

（4）学生会工作监督：定期召开学生会全体成员会议，布置学生会工作，听取学生干部的工作汇报；掌握学生的思想动态和学习生活情况，及时向相关部门反映；对学生会的工作进行监督和评估。

◎（二）学工助理中心的学生自治管理岗位

1. 学工助理中心职责。

学工助理中心是学校负责协助学生工作的组织机构，其职责主要包括：

（1）学生管理：协助学生处对学生进行管理，包括学生考勤、纪律、学习等方面的工作。

（2）学生事务：协助学生处处理学生事务，如学籍管理、奖学金评定、助学贷款申请等。

（3）心理辅导：协助学生处开展心理健康教育和心理咨询工作，帮助学生解决心理问题。

（4）社团管理：协助学生处对学生社团进行管理和指导，促进学生社团的健康发展。

（5）学生活动：协助学生处组织开展各种学生活动，如文艺演出、体育比赛、社会实践等。

（6）学生就业：协助学生处开展学生就业指导工作，帮助学生了解就业政策，提供就业信息和招聘会服务等。

（7）学生资助：协助学生处开展学生资助工作，包括助学金、勤工助学、困难补助等。

（8）数据统计：协助学生处进行学生数据统计和分析，为学生管理和决策提供依据。

总之，学工助理中心的职责是协助学生处做好学生管理和服务工作，帮助学生更好地成长和发展。

2. 学工助理中心主任及副主任的职责。

（1）学工助理中心主任：负责学工助理中心的全面工作，主持学工助理中心的日常工作，组织召开学工助理中心全体会议，协调各部门工作，对学工助理中心的重大决策进行审核。

（2）学工助理中心副主任：协助主任工作，分管学工助理中心各部门，负责各部门的工作指导和监督，参与学工助理中心重大决策的制定和审核。

3. 办公室职责。

（1）负责中心日常会议的策划安排和记录、值班安排以及来访接待等。

（2）牵头起草中心工作计划、工作总结、会议纪要、汇报材料等，负责日常文件的及时处理，包括收集、记录、传达、反馈、整理、存档等，保证中心文件运转准确及时。

（3）牵头制定修订中心各项规章制度，组织中心干部学习培训，加强队伍建设，统筹开展中心人事建档、工作考核、换届选举、监督检查等具体工作。

（4）负责中心日常事务的协调和管理工作，负责中心物资管理工作，包括物资的维护、保管和发放，建立并严格执行对物资领用的登记审批制度。

（5）负责对外沟通交流、对外拓展合作，并协调中心各部门工作，强化中心工作过程管理。

（6）负责中心其他日常事务工作。

4. 宣传部职责。

（1）具体落实学生处在开展工作、系统活动、组织会议等方面文字、图片材料的采集、撰写以及发布等。

（2）负责中心各项活动展板、海报的制作，以及有关学生工作的新闻和活动宣传报道。

（3）统筹中心宣传片、宣传活动、工作花絮等相关影像的拍摄、剪辑工作，协调中心干部意识形态工作，负责中心宣传工作的内容建设。

（4）为中心活动提供宣传创意、图文设计，强化过程宣传，统筹协调中心新媒体的建设与管理。

（5）完成学生处和中心交办的其他宣传工作。

5. 活动部职责。

（1）牵头起草中心日常活动计划，报相关负责领导审批。

（2）以开展活动为中心，负责中心各项活动的策划，制定详细的策划书。

（3）根据活动策划，负责中心各项活动的组织安排、具体实施。

（4）根据活动开展情况，做好中心各项活动的总结工作。

（5）配合中心完成其他相关工作。

6. 综合事务部职责。

（1）辅助开展学生日常事务管理工作，包括学生档案的接收整理、统计核对、归类分发，学生证的办理等工作。

（2）辅助开展“国家三金”（国家奖学金、国家励志奖学金、国家助学金）和助学贷款相关工作、协助资助系统信息的录入和维护以及资助育人与评优评奖工作。

（3）辅助开展学生思想教育工作，包括理想信念教育、防范电信诈骗宣传教育、学风教育、诚信教育等，对各学院、生活社区开展学生思想政治教育工作的落实情况进行检查，做好监督反馈工作，加强规范化、制度化建设。

（4）在学生处的领导下，督查反馈各班级综合素质测评工作开展情况。

（5）配合中心完成其他相关工作。

◎（三）勤工俭学中心的学生自治管理岗位

1. 勤工俭学中心的职责。

勤工俭学中心的任务是帮助学生通过勤工俭学获得经济支持，并在此过程中提高他们的职业技能和就业竞争力。

（1）为学生提供兼职工作机会。

（2）为学生提供职业培训和指导，以帮助他们提高工作技能和就业竞争力。

（3）为学生提供有关理财知识的讲解。

（4）为学生提供有关职业规划的相关知识。

2. 勤工俭学中心的学生自治岗位职责。

（1）主任：负责勤工俭学中心的全面工作，主持勤工俭学中心的日常工作，组织召开勤工俭学中心全体会议，协调各部门工作，对勤工俭学中心的重大决策进行审核。

（2）副主任：协助主任工作，分管勤工俭学中心各部门，负责各部门的工作指导和监督，参与勤工俭学中心重大决策的制定和审核。

（3）招聘部部长：负责勤工俭学中心的人力资源管理工作，组织勤工俭学中心的招聘和培训工作，管理勤工俭学中心的员工档案和考核工作。

（4）宣传部部长：负责勤工俭学中心的宣传工作，组织勤工俭学中心的各项宣传活动，管理勤工俭学中心的宣传资源和设备，负责勤工俭学中心的形象塑造和品牌推广工作。

（5）活动策划部部长：负责勤工俭学中心的活动策划和组织工作，组织勤工俭学中心的各项活动和比赛，管理勤工俭学中心的活动资源和设备，负责勤工俭学中心的文化建设和品牌推广工作。

（6）后勤部部长：负责勤工俭学中心的后勤保障工作，管理勤工俭学中心的物资和设备，负责勤工俭学中心的环境卫生和安全保障工作。

团学组织、学工助理中心和勤工俭学中心三大学生自治组织中的学生自治管理岗位类型及职责各有不同，但都是为了更好地服务学生、提高学生的管理能力和综合素质。通过积极参与这些岗位的工作，学生可以得到全面的锻炼和提升，为自己的未来发展打下坚实的基础。

三、学生自治管理岗位的体验过程及意义

◎（一）学生自治管理岗位的体验过程

1. 岗位的选择。

学生可以根据自己的兴趣和特长选择合适的岗位。学生在选择岗位时应该考虑自己的能力和时间安排，以免影响学习和其他活动。

2. 岗位的培训。

学生自治管理岗位的体验过程中，岗位的培训是非常重要的一环。学生在上岗前需要接受相关的培训，了解岗位的职责和要求，掌握相关的知识和技能。培训的内容包括学校的规章制度、管理流程、沟通技巧、应用写作及表达能力等。

3. 岗位的实践。

学生需要在实践中积累经验，不断提高自己的能力和水平。学生在实践中应该认真负责，积极主动地完成工作任务，注重细节，提高服务质量。

4. 岗位的评估。

学生在完成工作任务后，需要接受相关的评估和反馈，了解自己的成绩和不足，从而不断提高自己的能力和水平。评估的内容包括工作态度、工作效率、服务质量等。

◎（二）学生自治管理岗位体验的意义

1. 提高学生的自我管理能力和责任感。

学生自治管理岗位的体验过程可以让学生更好地、更充分地了解学校管理的流程和要求，从而更好地参与到学校的管理中来。通过参与学校的管理，学生可以学会自我管理，增强自我管理能力和责任感。

2. 提高学生的沟通能力和协调能力。

在学生自治管理岗位的体验过程中，学生需要与他人进行沟通和协调，比如与教师、同学、家长等。通过这种沟通和协调，学生可以学会如何与他

人合作，提高其沟通能力、表达能力和协调能力。

3. 增强学生的社会实践能力。

学生自治管理岗位的体验过程可以让学生积累社会实践经验，学会如何处理各种社会关系和问题。通过这种实践，学生可以增强自己的社会实践能力，为未来的发展打下坚实的基础。

4. 促进学生的全面发展。

学生自治管理岗位的体验过程可以让学生在学习之余参与到学校的管理和建设中来，从而促进学生的全面发展。通过参与学校的管理，学生可以学会如何处理各种问题和挑战，培养自己的领导力和创新能力。

四、岗位体验的注意事项与风险防范

◎（一）学生层面

作为学生自治管理岗位的体验者，大学生应注意以下方面：

1. 在成为学生自治管理岗位的体验者之前，要对意向的岗位职责有清晰的了解。这将帮助大学生了解自己的权力和责任，并确保自己在工作中表现出色。

2. 在与不同的人打交道时，需要建立良好的沟通渠道，并确保每个人都得到公平对待，这将有助于体验者更好地完成工作。

3. 在处理各种问题和冲突时保持公正和客观。这意味着不能偏袒任何一方，确保每个人都受到同样的待遇。

4. 尊重每个人的权利和尊严。尊重每一个人，包括学生、教师和校领导，甚至是那些不同意你的观点的人。尊重他人的权利和尊严将有助于建立一个和谐的工作环境。

5. 控制自己的言行举止，塑造良好的形象。不当的言行举止会让体验者显得不专业，从而丧失信任和尊重。

6. 学生自治管理岗位的体验者可能会获得许多人的个人信息，需要尊重这些信息的隐私性，并确保它们不被不正当使用。

7. 遵守法律和规定，包括学校的规定、法律法规和道德规范。遵守法律和规定将有助于确保体验者的行为不会对他人造成伤害。

8. 注意自身安全。这包括在处理冲突或其他危险情况时采取适当的措施，以及守护个人信息安全。

9. 与其他团队成员建立良好的合作关系。这将有助于体验者更好地完成工作，并确保团队的目标得到实现。

10. 不断学习和成长。这包括了解最新的法律和规定、学习新的技能和知识，以及不断提高自己的沟通能力和协调能力。

总之，作为学生自治管理岗位的体验者，大学生需要时刻注意自己的行为举止和职责，尊重他人的权利和尊严，建立良好的沟通渠道，保持公正和客观，尊重个人隐私，遵守法律和规定，注意自身安全，建立良好的团队合作关系，不断学习和成长。只有这样，大学生才能确保自己的体验是积极的，并且风险也能得到防范。

◎（二）学校层面

岗位体验是提高学生就业竞争力和职业发展能力的重要途径之一。在岗位体验前和过程中，学校要注意以下内容。

1. 建立风险评估机制。在开展岗位体验前，学校应该进行风险评估，识别可能存在的风险因素，并制定相应的安全措施和应急预案，确保学生的安全和健康。

2. 强化安全教育和培训。在进行岗位体验前，学校应该加强安全教育和培训，提高学生的安全意识和自我保护能力；应该告知学生该岗位的安全风险和应对措施，让学生了解如何避免和应对安全事故，保护自己的安全和健康。

3. 加强安全设施建设。在进行岗位体验时，学校应为学生提供必要的安全设施和设备，如口罩、手套等，提高岗位的安全性和可靠性，保护学生的身体健康和人身安全。

4. 加强监督和管理。在进行岗位体验时，学校应该加强监督和管理，确保学生能够正确地学习和掌握专业知识和技能；为学生提供必要的指导和帮助，解答学生的疑问和困惑，及时纠正学生的错误和不足；同时，还应该加强对学生的考核和评估，确保学生能够达到预期的学习效果和目标。

第二节　寻找适合自己的岗位实践机会

通过对学生自治管理岗位的相关介绍，大学生对于自我管理教育与实践有了初步的了解，那么大学生应该如何在种类繁多的学生自治岗位中寻找贴合自身要求的岗位呢？

一、明确自己的目标

确定实践目标是进行任何实践活动的重要步骤。它可以帮助体验者明确自己的目的和方向，避免在实践过程中迷失方向。

◎（一）明确自己的优势和长处

体验者需要明确自己的优势和长处。这关系到如何发挥自身的优势，找到适合自己的岗位。明确优势和长处有助于体验者更好地了解自己、把握机会，从而取得更大的成功。通过明确优势和长处，体验者也可以发现自己的不足，从而有针对性地完善自己。

◎（二）设定具体目标

一旦大学生明确了自己的优势和长处，就需要设定具体的实践目标，以便于弄清楚自己想要通过自治管理岗位收获到什么。这些目标应该是明确、可衡量和可实现的。例如，如果体验者面临的问题是如何提升自己的管理能力，其实践目标是负责某一项具体文体活动的开展，那体验者的实践岗位选择就要向管理岗位倾斜。

◎（三）设定时间表

为了确保能够实现自己的目标，体验者需要设定一个时间表，有助于跟踪自己的进度，并确保在规定的时间内完成目标。例如，如果体验者的实践目标计划在一个学期内完成，那么体验者可以将其分解为每周一个小目标，并在每周结束时检查自己的完成进度。

◎（四）制订计划

一旦明确了目标，设定了时间表，体验者就需要制订一个具体的计划来实现目标。这可能包括收集必要的资源、制订工作计划与任务清单、及时反思与总结等。这个计划应该具体、可行，并考虑到可能出现的挑战和障碍。制订计划可以帮助体验者分解目标、明确步骤、把握时间、更好地安排工作、提高工作效率，从而高效地实现自己的目标。

◎（五）监测和评估

体验者需要定期监测和评估自己的目标，这有助于了解自己的进度和效果，并根据需要调整计划和方法。例如，如果体验者发现自己在某一项工作中遇到困难，体验者可以调整工作方法或寻求教师和同学的帮助与支持。

总之，确定实践目标是进行任何实践活动的重要步骤。通过明确自身优势和长处、设定具体目标、制订计划、监测和评估，体验者可以更好地实现自己的目标，并从岗位体验实践中获得成长和发展。

二、选择适合自己的岗位

在种类繁多的岗位中，选择适合自己的岗位是至关重要的。因为只有在自己擅长和感兴趣的领域中，体验者才能更好地发挥自己的潜力，取得更大的成就。那么，该如何选择适合自己的岗位呢？

◎（一）自我认知

体验者需要对自己有一个全面的认知。包括了解自己的兴趣爱好、擅长的技能以及人生目标，这些都是找到适合自己的岗位的前提条件。只有了解自己，体验者才能找到真正适合自己的岗位。

◎（二）自我需求

体验者还需要考虑自我需求。自己的行动应该带有目的性，应知道自己通过自治管理岗位体验能够改善什么，能够收获到什么。比如，体验者不擅长人际交流，通过自治管理岗位与别的同学、教师及校领导打交道，会使自己的沟通协调能力得到提升。

◎（三）自我规划

体验者还需要对自己的人生规划进行考虑。选择一个适合自己的岗位，也需要与自己的人生规划相结合。比如，如果体验者的人生目标是成为一名公务员，那么体验者可以考虑选择管理、公文写作相关领域的岗位。

总之，选择适合自己的实践岗位需要我们从自我认知、自我需求、自我规划等多个方面进行考虑。只有在真正了解自己的基础上，体验者才能做出更好的选择。同时，体验者还需要不断学习和提升自己的能力，以便在自己选择的岗位上取得更大的成就。

三、了解所在部门的情况与需求

所在部门的情况与需求是每一个学生在进行自治管理岗位选择前需要了解的重要内容。只有深入了解所在部门的情况与需求，体验者才能更好地开展岗位体验实践，为所在部门带来实际的帮助。下面我们将从三个方面阐述了解所在部门的情况与需求的重要性。

◎（一）了解所在部门的工作职责与业务范围

每一个部门都有其特定的工作职责和业务范围。了解所在部门的工作职责与业务范围，可以帮助岗位体验者更好地把握所在部门的工作内容和工作重点，从而更好地开展实践工作。了解所在部门的工作职责与业务范围，也可以帮助岗位体验者更好地完成自己的实践计划，使实践工作更具针对性和实效性。

◎（二）了解所在部门的人员构成与工作流程

每一个部门都有其特定的人员构成和工作流程。了解所在部门的人员构成，可以帮助岗位体验者更好地了解所在部门的组织结构和人员分工，从而更好地开展实践工作。了解所在部门的工作流程，可以帮助岗位体验者更好地适应部门的工作流程和工作规范。

◎（三）了解所在部门的发展目标与未来规划

每一个部门都有其特定的发展目标和未来规划。了解所在部门的发展目标与未来规划，可以帮助岗位体验者更好地为所在部门的发展方向和工作重点出谋划策，从而更好地开展实践工作，为所在部门的发展贡献力量。

总之，了解所在部门的情况与需求是每一个岗位体验者需要做好的重要工作。只有深入了解所在部门的情况与需求，才能更好地开展实践工作，为所在部门带来实际的帮助。

第三节　自我管理在岗位体验实践中的具体应用

一、时间管理在岗位体验实践中的应用

在自治管理岗位体验实践中，时间管理不仅可以帮助体验者提高工作效率，还可以让体验者合理地安排工作和学习，保持工作和学习之间的平衡。

◎（一）时间管理的重要性

在自治管理岗位体验实践中，时间管理可以帮助体验者更有效地完成任务，避免浪费时间。此外，时间管理还可以帮助体验者合理地安排工作和学习，确保我们有足够的时间来完成工作和享受生活。

◎（二）时间管理在岗位体验实践中的应用

1. 设定目标。

设定目标可以让体验者明确努力的方向，并为实现目标制订计划。在设定目标时，体验者应该确保目标具有可衡量性和可实现性，并为实现目标制订详细的计划。

2. 制订计划。

制订计划可以帮助体验者更清晰地了解自己的阶段任务。在制订计划时，体验者应该确保计划具有可行性，并为完成任务科学分配时间。

3. 优先级排序。

优先级排序可以帮助体验者分清事情的轻重缓急，并为各项任务分配合适的时间。在优先级排序时，体验者应该根据任务的重要性和紧急性来进行排序。

4. 跟踪进度。

跟踪进度可以帮助体验者更清晰地了解自己的任务进度，并为完成任务及时更新和制订更合理的计划。因此，体验者应该定期检查任务进度，并及时调整计划。

5. 休息时间的安排。

适时休息可以帮助体验者恢复精力，提高工作效率。在安排休息时间时，体验者应该确保足够的休息时间，以保持最佳的工作状态。

时间管理倾向与生活质量关系的调查研究显示：时间管理倾向和生活质量之间存在显著相关，时间管理效能对躯体功能、心理功能和社会功能具有显著的预测作用。笔者了解到，时间管理不但对学生的学业成绩具有显著的预测作用，而且与焦虑、抑郁等存在显著的负相关，与自尊、主观幸福感等存在显著的正相关。[1]“时间就是效率”，时间管理在岗位体验实践中也有重要的作用，它影响着岗位实践的体验感与成就感，因此，体验者应该注意时间管理能力的培养。

二、情绪管理在岗位体验实践中的应用

情绪管理是指个体通过认知、行为和生理等方式调节自己的情绪，使之保持在适当的水平和范围内，以促进自身的身心健康和社会适应能力。个体情绪管理能力是一种心理特征，是使人顺利实现情绪和情感活动所需的心理条件，并且包含内容、对象、操作、产品四个维度。[2]在自治管理岗位体验实践中，情绪管理对于学生的工作效率、人际关系和心理健康等方面都具有重要意义。

◎（一）情绪管理的重要性

在自治管理岗位体验实践中，体验者需要面对各种压力和挑战，如工作任务的繁重、突发紧急的工作任务、领导的要求，等等，这些都可能导致情绪的波动和困扰。如果体验者不能有效地管理自己的情绪，就可能会表现出消极的情绪，如焦虑、抑郁、烦躁等，这些情绪不仅会影响体验者的工作效率和人际关系，还可能对体验者的身心健康造成损害。因此，情绪管理对于体验者的工作和生活都具有重要的意义。

◎（二）情绪管理的方法

情绪管理的方法有很多，包括认知调节、行为改变、生理调节等。下面

1　秦启文，张志杰 . 时间管理倾向与生活质量关系的调查研究 [J]. 心理学探新，2002（4）：55-59.

2　马向真，王章莹 . 论情绪管理的概念界定 [J]. 东南大学学报（哲学社会科学版），2012，14（4）：58-61+127.

将分别介绍这些方法的具体应用。

1. 认知调节。

认知调节是指通过改变自己的思维方式和认知观念来调节情绪。在自治管理岗位体验实践中，体验者可以通过认知调节来缓解压力和负面情绪。例如，当面临工作压力时，可以通过改变自己的思维方式，将压力看作一种挑战和机遇，从而调节自己的情绪。

2. 行为改变。

行为改变是指通过改变自己的行为来调节情绪。在自治管理岗位体验实践中，体验者可以通过行为改变来缓解压力和负面情绪。例如，当感到焦虑和紧张时，可以通过深呼吸、肌肉放松等行为来缓解情绪。

3. 生理调节。

生理调节是指通过调节自己的生理状态来调节情绪。在自治管理岗位体验实践中，体验者可以通过生理调节来缓解压力和负面情绪。例如，当感到疲劳和困乏时，可以通过适当休息、运动等方式来调节生理状态。

◎（三）情绪管理在岗位体验实践中的应用

在工作场所中，情绪管理可以应用于各种岗位和工作环境中。下面将以客服人员为例，介绍情绪管理在岗位体验实践中的应用。

客服人员是指在企业的客户服务部门中，负责接听客户电话、回答客户问题、处理客户投诉等工作的员工。客服人员的工作环境相对封闭，需要长时间地面对客户的抱怨和投诉，容易出现情绪波动和困扰。因此，客服人员需要加强情绪管理，以保持良好的工作状态和服务质量。

在客服人员的情绪管理实践中，可以采取以下方法：

1. 认知调节。

客服人员可以通过改变自己的思维方式和认知观念来调节情绪。例如，当客服人员面临客户的抱怨和投诉时，可以通过改变自己的思维方式，将这些问题看作客户的反馈和改进机会，从而调节自己的情绪。

2. 行为改变。

客服人员可以通过改变自己的行为来调节情绪。例如，当客服人员感到焦虑和紧张时，可以通过深呼吸、肌肉放松等行为来缓解情绪。

3. 生理调节。

客服人员可以通过调节自己的生理状态来调节情绪。例如，当客服人员感到疲劳和困乏时，可以通过适当休息、运动等方式来调节生理状态，从而缓解压力和负面情绪。

4. 合理安排工作时间。

客服人员需要长时间地面对客户的抱怨和投诉，因此需要合理安排工作时间，以保持良好的情绪状态。例如，给予足够的休息时间，让客服人员能够得到充分的休息和放松。

5. 提供情绪支持。

企业可以通过提供情绪支持来帮助客服人员管理情绪。例如，可以为客服人员提供心理咨询服务，帮助他们解决情绪问题。

6. 培训和教育。

企业可以通过培训和教育来帮助客服人员提高情绪管理能力。例如，可以为客服人员提供情绪管理培训，帮助他们学习有效的情绪管理方法。

在自治管理岗位体验实践中，情绪管理对于体验者的工作效率、人际关系和心理健康等方面都具有重要意义，可以采取认知调节、行为改变和生理调节等方法来缓解压力和负面情绪。

三、能力提升在岗位体验实践中的应用

岗位体验实践作为提升个人能力的有效途径，受到了越来越多人的关注。通过在不同岗位上实践，个人可以积累丰富的经验、提高自身能力、为未来的职业发展打下坚实基础。下文将探讨如何在岗位体验实践中提升个人能力，主要是提升自我调适能力、沟通能力、团队协作能力和解决问题能力。

◎（一）自我调适能力

自我调适能力指在面对工作压力和挑战时，能够保持积极心态，调整自己的情绪和行为，以应对不同的工作环境和要求。在岗位体验实践中，个人可以通过以下方式提升自我调适能力。

1. 学会情绪管理：在自治管理岗位体验实践中，难免会遇到不顺心的事情，学会情绪管理是提升自我调适能力的重要途径。可以通过深呼吸、冥想等方式调整情绪，避免情绪波动影响工作效率。

2. 培养积极心态：积极的心态能够帮助体验者更好地应对工作压力和挑战。可以通过参加正能量的活动、阅读积极向上的书籍等方式培养积极心态。

3. 调整工作方式：针对不同的工作环境和要求，及时调整自己的工作方式和节奏，以适应新的工作要求。

◎（二）沟通能力

沟通能力指个人能够通过言语、文字、表达等方式与他人进行有效沟通的能力。在岗位体验实践中，体验者可以通过以下方式提升沟通能力。

1. 学会倾听：倾听是沟通的基础，学会倾听可以帮助体验者更好地理解他人的需求和意图。在自治管理岗位体验实践中，体验者要注意与他人的交流，认真倾听对方的观点和建议。

2. 表达清晰：清晰的表达能够帮助个人更好地传达自己的意图和信息。在自治管理岗位体验实践中，体验者要注意用简洁、明了的语言表达自己的观点和建议。

3. 学会理解与包容：沟通不仅仅是传达信息，还需要学会理解与包容，懂得换位思考。在自治管理岗位体验实践中，体验者要学会与他人协商，达成共识，以推动工作的顺利进行。

◎（三）团队协作能力

团队协作能力指个人能够在团队中积极参与、相互协作、共同完成任务的能力。在岗位体验实践中，体验者可以通过以下方式提升团队协作能力：

1. 学会分享：分享是团队协作的基础，学会分享可以帮助体验者更好地融入团队，为团队创造价值。在自治管理岗位体验实践中，体验者要积极分享自己的经验和知识，为团队提供支持。

2. 学会尊重：尊重是团队协作的关键，学会尊重可以帮助体验者更好地与他人合作，避免产生冲突。在自治管理岗位体验实践中，体验者要尊重他人的观点和意见，尊重他人的权利和尊严。

3. 学会沟通：沟通是团队协作的核心，学会沟通可以帮助体验者更好地与他人协作，推动工作的顺利进行。在自治管理岗位体验实践中，体验者要学会与他人沟通，及时反馈信息，协调工作进度。

◎（四）解决问题能力

解决问题能力指个人在面对问题和挑战时，能够迅速采取有效措施解决问题的能力。在岗位体验实践中，体验者可以通过以下方式提升解决问题能力。

1. 培养逻辑思维：逻辑思维能够帮助体验者更好地分析问题，找到解决问题的方法。在工作中，体验者要学会分析问题，找出问题的根本原因，提出有效的解决方案。

2. 学会寻求帮助：解决问题往往需要借助他人的力量，学会寻求帮助可以帮助个人更好地解决问题。在自治管理岗位体验实践中，体验者要学会与他人合作，适时寻求他人的支持和帮助。

3. 学会调整心态：解决问题需要面对挑战和压力，学会调整心态可以帮助个人更好地应对问题。在自治管理岗位体验实践中，体验者要保持积极心态，相信自己能够克服困难，解决问题。

岗位体验是提升个人能力的有效途径，通过在不同岗位上实践，大学生可以不断积累经验，提高自身能力，为未来的职业发展打下坚实基础。

四、人际关系处理在岗位体验实践中的应用

良好的人际关系是个人健康成长的基本条件，积极的人际关系会提高大学生的主观幸福感水平。[1]在自治管理岗位体验实践中，人际关系的好坏往往直接影响到体验者的工作效率和工作成果。因此，学会处理人际关系是大学生进行自治管理岗位体验的必备素质。

◎（一）人际关系处理在岗位体验实践中的重要性

1. 人际关系处理是职业素养的重要组成部分。

职业素养是指职业人士应该具备的基本职业道德、职业能力和职业态度。其中，职业态度是指职业人士对自己的职业角色和职业责任的认同和尊重，以及对职业规范和职业纪律的遵守。而人际关系处理是职业态度的重要组成部分，是职业人士必须具备的基本职业素养。

2. 人际关系处理是职场竞争力的重要组成部分。

在岗位体验实践中，体验者的职业能力和工作业绩是决定个人职业发展的关键因素。但是，除了职业能力和工作业绩之外，人际关系也是影响个人职业发展的重要因素。一个人在职场中的人际关系好坏往往会影响到他的工作机会和晋升机会等方面。因此，学会处理人际关系是提高个人竞争力的重要途径之一。

3. 人际关系处理是工作效率和工作成果的重要保证。

在岗位体验实践中，个人的工作效率和工作成果往往是由团队合作和人际关系决定的。一个人在部门里如果能够与同事和上下级建立良好的人际关系，就能够更好地协调工作、提高工作效率、创造更好的工作成果。相反，如果一个人在部门中人际关系不好，就会影响到工作的开展和工作成果的创造。

1　仝丽花，郑晓边．大学生人际关系团体心理辅导研究 [J]. 中国学校卫生，2010，31（8）：1019-1021.

◎（二）人际关系处理在岗位体验实践中的应用方法和技巧

1. 学会倾听和理解。

在岗位体验实践中，学会倾听和理解是处理人际关系的基础。在与他人交流时，要认真倾听对方的观点和意见，理解对方的需求和感受。

2. 学会沟通和表达。

在岗位体验实践中，学会沟通和表达是处理人际关系的关键。在与他人交流时，要清晰表达自己的观点和意见，同时也要尊重和理解对方的观点和意见。

3. 学会妥协和协调。

在岗位体验实践中，学会妥协和协调是处理人际关系的重要技巧。在与他人交流时，要学会妥协和协调，避免过分坚持自己的观点和意见，同时也要尊重和理解对方的观点和意见。

4. 学会尊重他人。

在岗位体验实践中，学会尊重他人是处理人际关系的基本原则。在与他人交流时，要尊重对方的职业能力和职业经验，同时也要尊重对方的个人生活和个人选择。

5. 学会自我调节和控制情绪。

在岗位体验实践中，学会自我调节和控制情绪是处理人际关系的重要能力。在与他人交流时，要学会控制自己的情绪，避免因为情绪失控而影响人际关系。

五、自我反思与总结在岗位体验实践中的应用

在岗位体验实践中，体验者需要在任课教师的指导下，完成一定的工作任务，并通过自我反思与总结，从中获得知识和技能。下面我们将探讨自我反思与总结在岗位体验实践中的应用，以提高实践教学的效果。

◎（一）自我反思与总结的重要性

1. 自我反思与总结有助于学生深入理解工作内容和要求。

在岗位体验实践中，体验者需要完成一定的工作任务，这些任务往往是真实的工作任务的缩影。通过自我反思与总结，体验者可以更深入地理解工作内容和要求，从而更好地完成工作任务。

2. 自我反思与总结有助于学生发现自身的不足和问题。

在岗位体验实践中，体验者可能会遇到各种问题和困难，通过自我反思与总结，体验者可以发现自身的不足和问题，并针对这些问题进行改进和提高。

3. 自我反思与总结有助于学生形成职业素养和实践能力。

在岗位体验实践中，体验者需要遵守职业道德和规范，掌握实践技能和方法。通过自我反思与总结，体验者可以形成职业素养和实践能力，从而更好地胜任工作。

◎（二）自我反思与总结的有效应用

1. 明确反思与总结的目的和内容。

在岗位体验实践中，体验者需要明确反思与总结的目的和内容。反思与总结的目的是从工作中学习和提高。反思与总结的内容包括工作任务的完成情况、工作中遇到的问题和困难、自身的不足和问题、改进和提高的措施等。

2. 有效利用反思与总结的时间和空间。

在岗位体验实践中，体验者需要合理安排反思与总结的时间和空间。可以在每天工作结束后进行短暂的反思和总结，也可以在一段时间的工作结束后进行全面的反思和总结，也可以在教室或宿舍等安静的环境中进行反思和总结。

3. 多种形式开展反思与总结。

在岗位体验实践中，体验者可以通过多种形式开展反思与总结，如记录工作日志、撰写工作总结、制作 PPT、进行口头汇报等。这些形式可以帮助体验者更好地理解和掌握工作内容和要求，从而更好地完成工作任务和提高自身能力。

岗位体验实践是一种有效的实践教学方式，通过自我反思与总结，体验者可以更好地完成工作任务，发现自身的不足和问题，形成职业素养和实践能力。因此，教师应该引导体验者正确地应用自我反思与总结，以提高岗位体验实践的效果。

第四节　实践经验的总结与分享

一、实践经验的记录与整理

实践经验是人们在实践中获得的知识和技能的总和，是个人成长和职业发展的重要基础。此节探讨了实践经验的记录与整理的重要性，并提出了一些方法和技巧，帮助体验者更好地记录和整理自己的实践经验。

◎（一）实践经验的重要性

实践经验是人们在实际工作和生活中获得的知识和技能，是个人成长和职业发展的重要基础。通过实践经验，人们可以更好地理解和应用所学的理论知识，提高自己的实践能力和工作效率。同时，实践经验也是人们积累和传承知识、技能的重要途径。因此，记录和整理实践经验对于个人和社会的发展都具有重要意义。

◎（二）实践经验的记录方法

1. 日记记录法。日记记录法是一种常见的实践经验记录方法，通过每天记录自己的工作和生活中的经历、感受和收获，可以帮助人们更好地回顾和总结自己的实践经验。并且，日记记录法也可以帮助人们培养良好的记录习惯，提高自己的记录能力和效率。

2. 电子记录法。随着科技的发展，电子记录法已经成为一种越来越流行的实践经验记录方法。使用电子设备如笔记本电脑、手机、平板电脑等，可以方便地记录和存储自己的实践经验。同时，电子记录法也可以帮助人们更好地组织和管理自己的记录，提高查找和使用的效率。

◎（三）实践经验的整理方法

1. 分类整理法：一种常见的实践经验整理方法，将自己的记录按照不同的主题或类别进行分类，可以帮助人们更好地理解和总结自己的实践经验以提高自己的知识和技能水平。

2. 归纳总结法：一种更高级的实践经验整理方法，通过对自己的记录进行归纳和总结，让自己得到更加深入和系统的实践经验，可以帮助人们更好地应用自己的实践经验以提高自己的实践能力和工作效率。

实践经验的记录与整理对于个人和社会的发展都具有重要意义，可以帮助人们更好地整理自己的实践经验以提高自己的知识和技能水平。同时，记录和整理实践经验需要长期的坚持和努力，才能取得更好的效果。

二、实践经验的分析与思考

◎（一）实践经验的分析与思考的重要性

实践经验的分析与思考是一种重要的自我反思和提升的过程，可以帮助人们更深入地理解自己的行为和思考方式，从而更好地应对现实生活中的挑战和问题。

在实践中，我们可能会遇到各种各样的问题、困难和挑战，而通过对这些问题、困难和挑战的分析和思考，我们可以更好地理解自己的行为和思考方式、更好地应对这些挑战和问题。同时，我们还可以更好地理解学习和成长的本质，从而更好地学习和成长。

◎（二）如何进行实践经验的分析与思考

1. 我们需要对实践经验进行客观的分析和思考。这意味着我们需要将自己的主观意见和想法放在一边，客观地观察和分析实践经验中的事实和细节。我们需要思考这个实践经验的背景、原因、过程、结果和影响等方面，从而更好地理解这个实践经验。

2. 我们需要深入探究实践经验中的问题和挑战，思考这些问题和挑战的根本原因和解决方案。我们需要思考自己在实践经验中的表现和错误，以及如何避免这些错误和提高自己的能力。

3. 我们还需要思考实践经验对自己的未来和发展的影响，以及如何将实践经验应用到未来的生活和工作中。

4. 我们需要将自己的实践经验以及自己的思考和反思记录下来，包括实践经验的背景、原因、过程、结果和影响等细节，以及对实践经验的评价和建议等。

5. 我们需要与他人分享实践经验。通过分享，我们可以更好地理解实践经验，从而更好地把实践经验应用到未来的生活和工作中。

综上所述，我们应该积极地进行实践经验的分析与思考，从而更好地实现自我价值和成长。

三、实践经验的分享与交流

实践经验是每个人在日常生活和工作中积累的知识和技能。它是通过亲身参与实践而获得的，具有很大的实际应用价值。如果我们将这些经验埋藏在心里，而不与他人分享和交流，那么这些经验将失去其价值。

通过分享和交流实践经验，我们可以将自己的知识和技能传授给他人，帮助他们更好地理解和应用这些经验。同时，我们也可以汲取他人的成功经验和失败教训，从而提高自己的能力和水平。

实践经验的分享和交流有多种形式，包括个人交流、小组讨论、网络论坛、研讨会等。无论采用哪种形式，关键是要建立一个开放、包容和互助的氛围，让每个人都能够自由地表达自己的观点和意见，同时也能够尊重和理解他人的观点和意见。在实践经验的分享和交流中，我们可以从以下几个方面获益：

1. 更好地理解和应用这些经验，从而提高自己的能力和水平。

2. 团队成员可以更好地理解彼此的需求和期望，从而增强团队合作能力。

3. 认识更多的人，拓展自己的人际网络。

4. 让更多的人了解自己的专业知识和能力，提高自己的影响力。

四、实践经验的应用与提升

实践经验是每个人都具备的宝贵财富，但如何将其应用于工作和生活中，以及如何进一步提升和优化实践经验，是我们需要思考和探讨的问题。

◎（一）如何认识和理解实践经验

实践经验是每个人在日常生活和工作中积累的经验和知识，是我们在实际工作中解决问题和取得成功的重要基础。

1. 实践经验是我们在实际工作中所积累的知识和经验。它不同于理论知识，更加注重实际操作和应用。

2. 实践经验是一种不断积累和发展的过程。我们需要不断地学习和实践，不断地总结和反思，才能不断提升实践经验。

3. 实践经验是一种个人的经验，是我们在自己的工作和生活中所积累的经验。

因此，每个人的实践经验都是独特的，需要我们根据自己的实际情况进行应用和发挥。

◎（二）如何将实践经验应用于工作和生活中

实践经验的应用是将我们在实际工作和生活中所积累的经验和知识应用到解决实际问题中去。以下是一些将实践经验应用于工作和生活的方法：

1. 总结和归纳：不断地总结和归纳自己的实践经验，将其提炼成一些规律性的知识和经验，以便更好地应用。

2. 分析和思考：对问题进行深入的分析和思考，找出问题的根本原因和制定解决方案，避免简单地套用经验。

3. 学习和借鉴：不断地学习和借鉴别人的经验和知识，将其与自己的实践经验相结合，以便更好地解决问题。

◎（三）如何通过学习和反思来提升实践经验

实践经验的提升是将我们在实际工作和生活中所积累的经验和知识不断优化和深化的过程。以下是一些通过学习和反思来提升实践经验的方法：

1. 学习新知识：不断地学习新的知识和技能，以便更好地应对新的问题和挑战。

2. 反思和总结：不断地反思和总结自己的实践经验，找出其中的不足和问题，以便更好地优化和深化实践经验。

3. 交流和分享：通过与别人交流和分享自己的实践经验，以更好地学习和借鉴别人的经验和知识。

◎（四）如何在实践中不断创新和优化实践经验

实践经验的创新和优化是将我们在实际工作和生活中所积累的经验和知识不断更新和升级的过程。以下是一些在实践中不断创新和优化实践经验的方法：

1. 创新思维，以更好地解决问题和发现新的机遇。

2. 不断地学习新的技能和知识，以更好地应对新的挑战和机遇。

3. 不断地反思和调整自己的实践经验，找出其中的不足和问题，以更好地优化和升级实践经验。

实践经验是一个人的宝贵财富，但如何将其应用于工作和生活，以及如何进一步提升和优化，是我们需要思考和探讨的问题。通过认识和理解实践经验，通过学习和反思来提升实践经验，以及在实践中不断创新和优化实践经验，我们可以更好地发挥实践经验的作用，为自己的工作和生活带来更多的价值和成就。

案例分享

绵阳城市学院学生服务中心
关于校园保洁服务项目的公开招标公告

为推进我校“三自教育改革”下的“铸魂”“果育”计划，落实我校本科教学合格评估工作，加强学生指导与学生服务，提升学生自我管理能力，发挥学生自治作用，实现学生自我价值体现，践行劳动育人工作，绵阳城市学院学生服务中心受学校行政服务中心后勤管理处委托，为其拟采购的校园保洁项目进行校内公开招标。本次招标旨在锻炼培养我校学生的创新创业和实践能力，故招标对象仅限校内非毕业班级在读学生。

欢迎符合条件的在校学生团队参加报名，家庭经济困难学生优先考虑。

一、项目基本情况

1. 项目编号：MYCSXYXSFWZX-X-001;

2. 项目名称：校园保洁采购项目（游仙校区行政楼、艺术楼保洁）;

3. 项目类型：服务类;

4. 预算金额：人民币 ×××× 元整（￥××××.00）;

5. 采购方式：校内询价，低价中标;

6. 合同履行期限：合同签订后壹年（实际进场时间以甲乙双方书面确认为准），不允许分包;

7. 履约保证金：合同总价的 5%（家庭经济困难学生免收）。

二、申请资格要求

1. 非毕业班在读学生；

2. 团队成员 2 名及以上；

3. 吃苦耐劳、责任心强，能较好的完成项目涉及的各项工作。

三、采购需求

1. 保洁区域、主要工作量及工作内容如下。

楼宇	具体责任区域
行政楼	1 ～ 4 楼走廊、楼梯地面卫生打扫
	1 ～ 4 楼 8 个卫生间卫生清理、垃圾清理
	1 ～ 4 楼走廊窗户玻璃、玻璃门清洗
	1 楼花园绿化维护、地面卫生打扫
	行政楼入口大门处楼梯卫生清理
艺术楼	1 ～ 3 楼走廊地面卫生
	1 ～ 3 楼 6 个卫生间卫生清理、垃圾清理
	1 ～ 3 楼走廊窗户玻璃、玻璃门清洗
	艺术楼入口楼梯卫生打扫
其他工作量	艺术楼 301 办公室
	行政楼 404 办公室
	行政楼 405 办公室
	行政楼 307 办公室
	行政楼 204 办公室
	行政报告厅
	第一接待室（行 102）
	视频会议室（行 205）

2. 保洁质量要求。

（1）地面。

①保洁区域每天要循环保洁，保证地面无烟头、杂物、纸屑，需要定时进行地面冲洗，随时清扫。

②公共区域的走廊、过道、楼梯、瓷砖或水泥地面，每班必须循环拖地，定期消毒，要求无污物，无水渍污渍，地面光亮；墙角、踢脚线及易发现的地方无积尘、杂物。

（2）洗手池、接水池、卫生间。

①每天早班、中班必须全面清理，清洁洗手池、接水池、大小便池、拖地池等，确保下水畅通。

②洗手间内的垃圾桶、纸篓要当天清理，保持桶内无垃圾、桶外地面洁净无杂物。

③及时补充便池樟脑球或其他防臭物，保证卫生间干净、整洁、无蚊蝇、无异味。

④镜面、墙面、金属等物无水渍、污渍，光亮并干燥。

⑤爱护公共设施，发现需维修事项及时上报后勤等相关科室。

⑥每月要对洗手间、卫生间瓷砖墙面进行卫生清洁处理。

（3）玻璃金属类。

①定期对区域内的玻璃进行擦拭或用清洁剂清理，每年至少清洗两次，要求无水渍、污物、尘土，达到玻璃光洁明亮。

②对不锈钢、铁艺及其他金属制成的装饰物、栏杆、指示牌、台架等用专业清洗剂擦亮，要求无锈痕、无污渍、无灰印等。

③各类金属擦拭时，必须按纹理进行，切勿使用硬物刮铲，以防人为性破坏。

（4）综合类。

①保洁区内的垃圾桶做到无灰尘、无污渍。

②保洁区内的各楼走廊、过道、卫生间、楼梯等公共场所无蜘蛛网，墙壁公共设施、文化设施无积尘。

③对保洁范围内公共区域定期做消毒处理，或用药物、或用人力消杀，确保无蚊蝇及其他害虫。

（5）保洁区垃圾清运要求。

①每天分上午下午对保洁区内垃圾清理两遍。

②上午7:30之前清理完毕，下午14:00之前清理完毕，如遇学校重大活动需调整清运时间的根据需要随时清理。

③严禁垃圾在运输过程中撒落造成二次污染。

④定期对垃圾箱内外进行清洗，每天不定时对垃圾桶外壁进行擦拭，确保清洁无污渍。5—10月每周清洗两遍，11月—次年4月每周清洗一遍。

⑤夏秋季对垃圾桶及周边每周进行一遍灭蚊蝇处理。

3. 其他技术服务要求。

（1）人员要求。

①身体健康，无传染性疾病。

②工作认真负责并定期接受培训。上岗时佩戴统一标志，仪容仪表规范整齐。

③文明工作，训练有素，言语规范，认真负责。

（2）人员配备及工作时间要求。

人员配备：学校上班时间段常驻值班日常保洁人员不少于1人，保洁人员的个人资料需在学校管理部门审核备案。

工作时间：结合学校的作息时间，做到与学校作息时间同步。学生放假期间，保洁区卫生由保洁公司负责保洁。

（3）工作纪律。

①中标人在服务期间要接受学校的领导和监督，遵守有关制度。

②遇到教职工和学生需要帮助时，应主动热情，虚心接受师生提出的合理化保洁建议。不允许出现工作人员与学校师生发生冲突事件。

③完成学校交办的一些临时指派工作任务。

④管理人员有较高的政治思想素养和业务水平，受过专门的培训。

⑤投标人所派管理服务人员必须恪守职责，遵守招标人的各项规章制度，服从管理。采购单位有权对管理服务人员进行具体的工作安排，并对工作进行监督检查，对不称职的管理服务人员采购单位有权要求调换。

⑥投标人必须服从学校主管部门管理。学校重大活动或发生突发情况时根据需要随时保洁。

（4）其他说明。

①学校不提供任何食宿，所有工作人员的住宿和工作期间的餐费问题由中标人自行解决。

②用于保洁服务管理的操作实施所用水电费用由采购人承担，但中标人应本着节俭的原则使用；保洁管理服务中所需低值易耗品、清洁用品、用具由采购人承担。平时定期维护擦拭门、窗、桌椅、地面，保持桌椅有序摆放，无遗留垃圾、纸屑等杂物。

③卫生间的保洁：在每节课上课后，进行一次循环保洁。

④垃圾必须每天及时清运出保洁区，不得有漏清、不清和清运不及时情况的发生，如遇特殊情况，要及时向校方说明情况，避免造成不必要的影响。

⑤学校寒暑假期间，不做工作安排；寒暑假具体时间参考学校放假通知。

⑥中标人所需用工要符合国家要求，并对其一切安全负责，如发生用工纠纷，由中标人自行承担全部责任。

四、验收

由采购人成立验收小组，月初对上月按照采购合同的约定对中标人履约情况进行验收。验收结束后，出具验收书，列明各项标准的验收情况及项目总体评价，由验收双方共同签署，作为报酬支付、合同续签的依据。

五、采购资金支付

（一）支付方式：银行转账。

（二）支付时间及条件：每月15日前支付上一个月的服务费（中标金额的10%）。

六、投标获取

1. 报名时间：2023年3月13日至2023年3月17日；

2. 报名地点：绵阳城市学院游仙校区行政楼学生处；

3. 携带询价报名表（附件下载模板）、相关身份证明；

4. 查验相关资格后报名。

七、投标文件递交

投标文件应包含内容：

1. 项目报价表；

2. 参与询价团体质量服务承诺书（注上日期，负责人签字）；

3. 参与询价团体负责人身份证复印件；

4. 询价招标文件必须以密封的形式在骑缝处签字，如不按要求密封的，视为无效文件。

八、询价开标时间

2023年3月22日下午15:00（北京时间）。

九、询价开标地点

绵阳城市学院游仙校区行政楼学生处。

十、发布公告的媒介及时间

2023 年 3 月 10 日于学生处网站上发布，察看现场时间 2023 年 3 月 13 日上午 10: 00。

十一、联系方式

联系人：何老师　　　　　联系电话：1730815××××

2023 年 3 月 10 日

附件 1

询价报名表

<table>
<tr><td>询价单位</td><td colspan="4">绵阳城市学院学生服务中心学生处</td></tr>
<tr><td>项目名称</td><td colspan="4">校园保洁采购项目（游仙校区行政楼、艺术楼保洁）</td></tr>
<tr><td rowspan="2">投标团队</td><td>负责人</td><td>联系电话</td><td>成员</td><td>联系电话</td></tr>
<tr><td></td><td></td><td></td><td></td></tr>
<tr><td>负责人是否参加现场询价</td><td colspan="4"></td></tr>
<tr><td>投标人报价</td><td colspan="4"></td></tr>
<tr><td>投标团队签字</td><td colspan="4"></td></tr>
</table>

附件 2

绵阳城市学院校园保洁项目考核表

<table>
<tr><td>姓　名</td><td></td><td>工号（学号）</td><td></td><td>考核部门</td><td></td></tr>
<tr><td>岗　位</td><td></td><td>入职日期</td><td></td><td>考评日期</td><td></td></tr>
<tr><td>员工自评（工作情况概述：总结、反思、计划）</td><td colspan="5">

员　工（签字）：　　　　年　　月　　日</td></tr>
<tr><td>评价与建议</td><td colspan="5">

学生处负责人（签字）：　　　　年　　月　　日</td></tr>
<tr><td rowspan="5">月考核成绩</td><td>考评项目</td><td>分值</td><td>自评分</td><td colspan="2">学生处评分</td></tr>
<tr><td>工作态度</td><td>30</td><td></td><td colspan="2"></td></tr>
<tr><td>工作能力</td><td>30</td><td></td><td colspan="2"></td></tr>
<tr><td>工作效果</td><td>40</td><td></td><td colspan="2"></td></tr>
<tr><td>合计</td><td>100</td><td></td><td colspan="2"></td></tr>
</table>

DAXUESHENG
ZIWO GUANLI JIAOYU YU SHIJIAN
（GANGWEI TIYAN）

第六章

自我管理素养提升

大学生自我管理可以视为与自我的关系管理，就是大学生对自己本身，对自己的目标、思想、心理和行为等进行的管理，自己把自己组织起来，自己管理自己，自己约束自己，自己激励自己，自己管理自己的事务，最终实现自我奋斗目标的一个过程。

大学生自我管理又称为自我控制，是指利用大学生内在力量改变行为的策略，普遍应用在减少不良行为与增加好的行为的出现。自我管理注重的是一个人的自我教导及约束的力量，亦即行为的制约是透过内控的力量——自己，而非传统的外控力量如教师、家长。自我管理即能正确认识与评估自我，依据自身个性和潜质选择适合的发展方向，合理分配和使用时间与精力，为达成目标而持续努力。当代大学生应当努力提升自己的自我管理素养，加强培养领导力、发展创新思维与解决问题的能力，并建立积极的自尊和自信，从而成为合格的社会主义事业接班人。

第一节 培养领导力

大学生是未来社会发展的中坚力量。现代大学培养大学生的领导力是形势发展的需要，也是大学生自身成长的内在要求。

一、领导力的概念

普遍意义上讲，领导力隶属于管理学上的概念。但笔者认为，领导力并不只是领导者必备的能力素质，而是所有大学生都应该而且是必须具备的素质。学习能力是领导力的基石，是一切能力的起点；政治素养是领导力的灵魂，明晰的政治方向是领导力发展的内在精神；领导意识是领导力的内驱力，由内而外地表现出领导才能；情绪智力是领导力强弱的重要指标；人际关系与沟通能力是领导力的表现形式；自我管理能力是领导力的核心；创新能力是领导力发展的驱动力；团队合作能力是领导力形成的基础。高等院校需要更新高等教育培养人才观念，树立以培养大学生领导力为主的任务观，增强领导力培养的重视程度和投入力度，尊重大学生领导力发展中的多样性需求；丰富高校大学生领导力培养内容，如政治素养、实践能力、自我管理能力；创新高校大学生领导力培养方法，如根植高校校园文化，传播领导力培养理念；依托学生组织平台，探索领导力培养模式；依靠学生工作者引领，培养大学生领导力。

二、当代大学生必备的领导素质

1. 思想政治素质。大学生作为新时代的接班人，不仅要树立正确的“三观”，更重要的是要鲜明的政治立场，要有为人民、为党、为国家奋斗终身的决心和崇高的理想信念，同时还应以全心全意为人民服务为最高目标。

2. 心理素质。心理素质主要是指个体所表现出来的情绪、情感、意志、能力、气质、性格等，良好的心理素质对于提升学生领导力来说至关重要，同时也可以有效提高团队管理、应对挑战和压力。

3. 身体素质。经常锻炼，能够强身健体，保持身体健康。通过锻炼增强身体素质，学生可以提高身体的抵抗力，预防疾病，保持健康的体魄，只有具备良好的身体素质才能更好地学习、工作和生活。

4. 文化素质。文化素质是大学生最基本的素养。自古以来，大家都在强调“饱读诗书”“博学多才”，对现代化社会来说更是如此，大学生要在科技飞速发展的时代适应潮流，就必须具有良好的文化素质。作为高素质的领导者应该具有以下文化素质。

（1）扎实的专业知识：一方面学校应开设丰富多样的课程，确保学生在各个学科领域都能获得全面的知识，课程内容应当紧密结合实际应用，并注重培养学生的理论基础、实践能力和问题解决技巧。另一方面学生需要在实际情境中应用所学知识，以加深对专业知识的理解和掌握，锻炼自己的实际操作能力和问题解决能力。

（2）渊博的社会知识：鼓励学生广泛阅读和学习，通过阅读经典文学作品、哲学著作、历史故事等，以提升学生的文化素养。学校可以设立阅读俱乐部、举办读书活动或提供有关文化和艺术的课程，以帮助学生培养良好的阅读习惯和知识积累。

（3）法律知识：现代社会是依法行政，依法管理的文明时代，大学生学习法律知识也是依法治国、治校的需要。

三、培养大学生领导力的重要性

在大学校园中培养大学生的领导力对促进大学生个人发展，提升个人社交能力、增强问题解决能力和社会责任感都具有重要意义。这些能力的获得将为他们的职业生涯和未来的领导角色奠定基础，并为他们成为积极的社会主义建设者做好准备。

1. 培养学生个人能力：领导力的培养可以帮助学生发现自己的潜力和优

势，并通过自我管理和目标设定来实现个人发展。领导者通常具有积极的态度、较强自信心和决策能力，而这些品质对职业生涯和个人成长至关重要。

2. 培养团队合作能力：领导力的培养有助于大学生提高团队合作能力和沟通能力。在学校、社团等开展的多种活动中，大学生需要与不同背景、不同能力的人共同协作。通过领导力培养活动训练，他们能够学会有效地与他人合作，发挥团队成员的优势，协调团队活动，并达成共同的目标。

3. 培养解决问题的能力：在大学生活中，大学生会面临各种挑战和问题，如学术问题、社交问题和职业发展问题等。通过培养大学生的领导力可以帮助他们提升解决问题的能力，并在面对困难时保持冷静和正确应对。

4. 提升就业竞争力：领导力的培养对提高大学生的就业竞争力有积极的影响。在求职过程中，雇主往往更加看重具备领导潜质和能力的候选人。培养大学生的领导力可以帮助大学生提高自己的领导才能，增强自己在就业市场的吸引力，获得更多的工作机会。

四、多层次培养学生的领导力

领导力是一种能力，它能够让学生在生活、学习、工作中更加清晰地传达信息，更好地协调其他人的行动，并让自己的创造性和创新性得到更好发挥。在学校和社会中都需要领导力，因此学生在大学时期的领导力的培养非常重要。

1. 加强学生人际交往能力培养：领导者需要具备优秀的沟通能力和人际交往技巧。学生可以通过参加演讲训练、辩论比赛、团队合作项目等活动来锻炼和提高自己的沟通能力和人际交往能力。

2. 积极参加学校组织的沙龙交流活动：学生可以通过参加这些活动学习领导技能和理论知识，以提升自己的领导力。

3. 积极参与班级、社团职位的竞选：班级、社团管理是培养领导力的理想平台。通过竞选并担任职位，学生可以参与班级或者学校管理，与教职员工合作，能够提升自己的领导力和组织能力。

4. 参与志愿服务活动：参与志愿服务活动有助于学生培养领导素质和社会责任感。通过参与志愿服务活动，学生能够发展自己的组织和管理能力，同时能在参与解决问题的过程中获得满足感和成就感。

5. 寻求导师或指导者的指导：寻求有经验的领导者或指导者的帮助和指导，可以帮助学生更好地了解领导力的要点和实践方法。导师不仅可以提供宝贵的建议，还可以为学生提供参与实践项目的机会或与专业组织进行联络。

6. 培养自我反思和学习能力：领导者需要不断反思和学习，才能不断提升自己的领导力。学生可以主动寻找反馈，接受批评并改进自己的不足之处，同时通过阅读专业书籍、参加研讨会和学术讲座等方式继续学习和更新自己的知识。

【案例分享】

绵阳城市学院建能 201801 班是一个激情飞扬、活力四射、团结友爱的集体，全班 18 个同学虽来自五湖四海、性格各异，但他们都秉承“同心山成玉，协力土变金”的精神紧紧地团结在一起。

在新生运动会中，张 ×× 同学报名参加女子 800 米比赛，大家非常担心她比赛期间的身体状况，所以在比赛前一周，班上同学轮流每天早晚陪她训练，陪她聊天放松，希望她以最好的身体和心理状态进入比赛。比赛前一天，团支书组建了后勤保障队伍，准备了放松肌肉用的筋膜枪，准备了低血糖用的葡萄糖，还准备了一个超大躺椅；班长组织了班上其他同学到操场给她加油助威。随着一声枪响，张 ×× 在班上同学的关切下第一个冲出起跑线，体育委员也及时跟随她的脚步在旁边陪跑，为她保驾护航，同学们纷纷掏出手机记录她在操场上的飒爽英姿。在建能 201801 班级同学的加油助威声中，张 ×× 同学沉浸在一个仿佛只有她和班级同学存在的世界里，迎着冬季的寒风，保持着均匀而又平稳的呼吸，在大家的注视下率先迈过终点线。那一瞬间，操场上爆发出雷鸣般的狂欢声，大家都在为张 ×× 同学喝彩。虽然她头上的汗水，此刻就像暴雨一般流下，撒在那富有激情的跑道上，但她的脸上流露出的是灿烂而又幸福的笑容。最后，后勤保障队伍一窝蜂冲上去，将她搀扶到休息区，有条不紊地对她进行赛后放松。

建能 201801 班同学一直坚信“团结产生力量，凝集诞生希望”，他们在这种精神的驱使下，用青春与汗水在绵阳城市学院这片热土上谱写人生辉煌的诗篇！

第二节 发展创新思维

习近平总书记在党的二十大报告中明确提出要坚持创新在我国现代化建设全局中的核心地位，并强调领导干部要不断提高创新思维能力。实际上，习近平总书记在党的十九大和十九届历次全会以及中央党校举办的省部级主要领导干部专题研讨班的重要讲话中，也曾经多次强调创新的重要性，谆谆教诲领导干部必须培养创新思维。

创新思维是指一种能够打破传统思维模式和常规观念的思考方式和思维方式。它强调通过重新组合、重新连接和重新解释已有的知识、经验和信息，以找到新的解决方案、创造新的价值，解决问题和应对挑战。

一、创新思维的含义及其分类

思维是指人类头脑中进行思考、分析、推理和判断的过程。它是我们对信息、经验和感知的处理方式，涉及思考、记忆、注意力和推理等认知能力的应用。思维包含一系列的活动和过程，例如概念形成、问题解决、决策制定和创造性思维等。它可以通过语言、图像、符号和直觉等方式表达和实现。思维是人类独有的认知能力，能够让我们理解周围的世界，分析和解决问题，做出决策和规划未来。思维的含义可以根据不同的观点和学科而有所不同。在心理学中，思维被研究为一种心理过程，包括感知、记忆、思考、推理和问题解决等。在哲学中，思维被探讨为一种关于真理、意义和存在的思考和推理能力。在认知科学和神经科学领域，思维也是一个重要的研究课题，探索人类大脑中思维的机制和神经基础。

按照思维的性质和结果进行划分，人的思维也可以简单地分为两类，即常规思维和创新思维。常规思维又叫再现性思维，是指思维结果不具有新颖性的思维，一般是基于利用已有的知识或使用现成的方案和程序进行的一种重复性思维。创新思维是指思维的结果具有明显新颖性的思维，或者说是产生新思想的思维活动。

按照这一简单的分类标准，任何人对某一事物和现象的分析，对某一事件的处理，对某一方案的设想等，所采取的思维方法不是创新思维就是常规思维，二者必居其一。

二、创新思维的具体特征

创新思维强调通过重新组合、重新连接和重新解释已有的知识、经验和信息，以找到新的解决方案、创造新的价值。它通常包括以下几个方面的特征。

1. 客观性。客观性是创新思维的最基本、最重要的特征。

虽然创新思维是人们在观察、实验的基础上形成的理性的思维活动，但是它不是凭空臆造出来的，更不是形而上学思维的产物，而是通过总结、汲取、揭示、反映、应用辩证思维方法得出的，即用整体的、动态的观点看待社会发展所获得的成果。它贯穿于科学思维探究的全过程。

2. 前瞻性。创新思维倾向于突破既有的观念和惯性思维，在寻求新的问题解决方案和创意时，不拘泥于传统的做法，而是寻找新的途径和可能性。

3. 多元性。创新思维涉及多个领域、多个学科的知识和观点，能够将不同领域的思维模式和概念进行融合，形成创新的见解和解决方案。

4. 实践导向性。创新思维不会停留在理论和想法层面，更强调实践和行动，将创意转化为实际的解决方案并产生实际的影响。

5. 求异性。立新求异是创新思维的重要标志。无论是发明创造、行政管理、商贸经营，还是科学研究、文艺创作，都不能拘泥于传统，不能迷信权威，不能盲从众人，应该力求在时间、空间、观念及方法上另辟蹊径、别具一格。

6. 风险性。创新思维需要承担一定的风险和不确定性，敢于尝试和冒险，接受失败和挑战，从中汲取教训并不断改进。

三、创新思维的重要性

创新思维对于个人的发展和组织的成功至关重要。

1. 创新思维可以帮助个人在面对复杂问题和挑战时，找到独特的解决方法，迎接激烈的竞争环境。

2. 创新思维帮助我们出现超越传统的问题解决方式。它鼓励我们从不同的角度看待问题，挑战现有的假设和约束，并提供创造性的解决方案。创新思维的关键是不断追问为什么、如何改进，并尝试突破传统思维的边界。

3. 创新思维是创新的基础和驱动力。它使我们从传统的思维模式中解放出来，积极探索和尝试新的观点、方法和技术。创新思维可激发个人、组织和社会的创新活力，推动科技发展、商业变革和社会进步。创新思维需要跨越不同的文化、价值观和思维方式。多元文化环境能够提供不同的视角和经验，促进思维的碰撞和交流。通过融合多元文化的思维，我们能够拓宽思维的边界，激发创新的火花。

随着科技的迅猛发展和应用，创新思维在技术领域的重要性日益凸显。创新思维能够帮助我们将技术与实际需求结合，发现新的应用场景，推动科技的进步和创新发展。

4. 创新思维倡导跨学科的合作和融合。通过将不同学科的知识和方法相互交叉，能够产生更丰富和综合的解决方案，并且跨学科融合能够打破学科之间的壁垒，激发创新思维的想象力和创造力。

创新思维需要我们勇于承担风险和接受失败。创新思维往往涉及尝试新的观点、方法和业务模式，可能面临不确定性和犯错的风险。然而，只有敢于冒险并接受失败，才能真正开启创新思维的可能性。

创新思维不排斥一步一步的逻辑推导与分析，但它往往表现为对推理步骤的省略或跨越，正是这种省略或跨越，使得创新思维过程中的某些思维活动难以详细描述，以至于在其中起作用的直觉、灵感等思维活动，有时就带有神秘的色彩。

总之，发展创新思维与解决问题的能力对于个人、组织和社会都具有重要的价值。它不仅对专业能力提升有益，也符合人才强国战略的实施需求。在追求创新思维的过程中，我们应该持有开放的心态，勇于尝试和接受失败。创新不是一帆风顺的，可能会面临许多挑战和失败。然而，只有通过不断尝试和接受失败，我们才能得到宝贵的经验和教训，不断向前迈进，并取得成功。

第三节　建立积极的自尊和自信

党的十八大报告明确要求：培育自尊自信、理性平和、积极向上的社会心态。大学生心态培育和整个国家的社会心态培育一样，具有同质性和共时性特点，重点是培育以自尊自信、理性平和、积极向上为统领和旨归的大学生阳光心态。

自尊是一个人对自己价值和尊严的认知和感受。它是建立在内心的对自己的肯定。与自尊不同，自信是一个人对自己能力和应对挑战的信心。它是建立在实际经验和能力的基础上，是对自己能力的合理评估。

自尊和自信之间有着双向的影响。良好的自尊可以促进自信的建立，而自信的增强也会反过来加强自尊。这种正向循环对个人的成长和幸福至关重要。

自尊和自信是两个紧密相关但又有本质区别的概念。自尊是对自己价值和尊严的认知和感受，而自信是相信自己能够应对挑战和取得成功的信念。

当代大学生自尊和自信的培育具有显著重要性和必要性，需要全面深入地探索其实现路径。

一、确认个人价值与自尊心

确认个人价值和建立健康的自尊心是提升自信和树立积极心态的重要途径。我们应接受自己的过去和现在，并理解每个人都有优点和不足之处；承认自己的独特性和价值，不要自我否定或与他人进行不必要的比较；尊重自己的感受、需要和愿望，并努力满足它们；设定合理的目标和期望，以进一步增强对自己的重视和尊重；培养一种积极、支持性的内部对话方式；关注自己的成就和优点，并对自己的错误和失误保持宽容和理解；用积极的语言对待自己，给自己鼓励和肯定；思考自己的价值观和目标，并努力与之保持一致；了解你所追求的是什么，以及你对自己和他人的期望是什么；给自己足够的休息和放松时间，培养良好的自我关爱和自我照顾习惯；关注自己的身体健康、心理健康和情绪状态，以增强自尊心和个人价值感；与他人建立积极的互动和支持网络，寻求支持和理解；与亲密的朋友、家人或专业人士分享自己的感受和困扰，以获得建设性的反馈和支持；发展个人兴趣和爱好，并努力追求自己的激情和兴趣；通过学习、体验和成长来增强对自己的认可和自尊感。请记住，个人价值和自尊心是一种长期的内化过程，需要持续的努力和自我关注。通过实践上述建议，并持续积极投入自我发展和成长，就可以逐渐建立起健康的自尊心和正确认知个人价值。

进入大学后，大学生开始更深入地思考自己是谁、自己的价值和人生目标是什么，以及自己在世界上的角色。他们通过思考自己的优点、才华和价值观，逐渐认识到自己的独特性，并逐渐学会接纳自己的过去、错误和不完美之处，并将其作为成长和学习的机会。他们认识到决定自己价值的不只是成功和完美，更重要的是对自己的接纳和爱护。他们开始在学业、职业规划、社交关系和个人发展等方面自主决策，并对自己的决定负责。通过自主决策，他们逐渐建立起对自己的信任和肯定。他们通过追求个人目标和克服困难来实现成就感和自尊心的提升。他们努力争取好成绩、参与社团活动、参加实习或志愿工作，并在这个过程中克服障碍和挑战，每一次的成功和突破都进一步强化他们对个人价值的认知。他们开始寻找与自己志同道合的人群，通过与朋友、同学或导师交流，互相支持和激励，建立良好的社交关系。

通过意识到自己的独特价值、接纳自己的过去、自主决策、追求成就迎接和挑战，以及建立支持性社交关系，大学生可以逐渐巩固自己的个人价值感和自尊心，实现更好的自我认知和发展。

二、学会积极肯定自己的成就与潜力

学会积极肯定自己的成就和潜力是培养自信和积极心态的有效途径。定期记录你的成就和里程碑，无论是大或小的成功，都值得被认可和肯定。同时，可以帮助你回顾和欣赏自己的进步，提醒自己挖掘潜力和能力。专注个人的成长和进步，不要过分关注与他人的比较。每个人的成长速度和路径都是不同的，通过关注自己的进展培养积极的自我认同感。当别人对你的成就和努力给予赞美时，接受并感谢他们的反馈，并充分认识实现成就所需付出的努力。不要轻视他人的赞美，而是用它来鼓励和肯定自己的努力。培养积极的内部对话，并学会表达对自己的支持和鼓励。面对挑战时给予自己积极的情感支持，相信自己的能力和潜力。正确设定具有挑战性和可量化的目标，以激发自己的潜力，并不断提高对自己潜力的认知。培养积极思维的习惯，将关注点放在自己的优势和积极方面。摒弃消极的自我评价和负面的想法，以积极的态度来看待自己的成就和潜力。持续学习和追求个人发展可以帮助你发现更多的潜力和机会。[1]充实自己的知识和技能，通过不断学习和成长来推动自己的进步。记住，学会积极肯定自己的成就和潜力是一个长期的过程，并需要持续的努力和自我提高。通过实践上述建议，并给予自己时间和空间去发现、欣赏和肯定自己的成就和潜力，可以逐渐增强自信和保持积极上进的心态。

当代大学生学会积极肯定自己的成就与潜力，有助于在学术、社交、领导或其他领域取得一些成就。这些成就包括获得好的成绩、参与学术研究、在社团担任重要职位、参与志愿活动或赢得比赛等。他们通过反思这些成就，以增强对自己的积极评价。他们会给自己以积极的自我认可，关注和强调自己的优点、优势，鼓励自己、赞美自己，并为自己的进步感到自豪。他们还会与朋友、家人、导师或教授分享他们的成功经历，并接受他人的肯定和鼓励。他们通过设定和达成目标，增强对自己潜力的认知和信心，并推动自己不断成长和进步。

通过积极肯定自己的成就与潜力，大学生可以建立积极的自我形象，并在学业和生活中保持充足的动力和积极的心态。这有助于大学生培养自信心和自尊心，推动个人发展，并为未来的职业生涯做好准备。

三、接受反馈与批评并持续成长

接受反馈与批评并持续成长是提高个人能力实现综合发展的重要方法之一。大学生应以开放的心态来接受反馈和批评，承认自己可能存在的不足，并愿意接受他人的意见和建议。在接收反馈和批评时，应认真聆听对方的观点，并试图理解他们的意图，避免抵触或立即做出回应。大学生应将反馈和批评视为成长的机会，而不是将其视为个人攻击或对自己价值的质疑，并从

1 赵连东 . 大学生可持续发展能力培养的思考 [J]. 淮阴工学院学报，2018，27（6）：81-85.

中寻找具有建设性的信息，以便更好地了解自己的问题所在和有待改进的方面。在接受反馈和批评后，进行自我反思和分析，通过回顾情境和自己的行为，思考如何改进和应对类似的情况，以便不断成长和提升。根据接受的反馈和批评，制订具体的行动计划来改进自己，可以设定可行的目标，并采取行动来实现这些目标，同时持续跟踪和评估自己的进展，并做出必要的调整。如果遇到难以处理的反馈或批评，寻求他人的指导和支持是很重要的，可以与信任的导师、同学或朋友交流、分享，并寻求他们的建议和帮助。记住，接受反馈和批评是一个积极的态度和个人成长的机会。通过养成开放的心态，倾听和理解他人的观点，进行自我反思和制定行动计划，能够不断成长和提升自己。最重要的是自己应保持积极的态度，相信自己的潜力，并持续努力追求个人发展。

在学习生活中，大学生可能会出现失误或出错的情况，而这些情况常常需要他们接受他人的反馈与批评。大学生对此应进行自我反思，通过回顾自己的行为、表现和决策，以发现可能出现的问题和改进的方向。这种自我反思包括思考自己的意图、行动和影响，以及他人的观点和意见。大学生应根据反思结果积极寻找改进的方法，探索可行的解决方案，并尝试不同的方法和策略来完善自己的行为和表现。大学生可以通过主动学习新的技能、调整行为模式等方式来努力提高自己，包括积极参与课堂学习、寻求导师和教授的建议、主动寻找反馈机会、加入学习团队或合作项目。大学生经常会面临挫折、挑战和反复尝试的情况，这时，坚韧的意志和灵活的应对能力变得至关重要。通过保持积极心态、及时调整情绪和寻求支持，可以帮助大学生提高应对能力。

总而言之，接受反馈与批评并持续成长是大学生活的一个重要内容。这需要大学生以开放的态度接受反馈与批评，并进行自我反思和探索改进方法，以提高自己的技能、知识水平，健全自己的人格。

四、克服挑战

每个人实现成长和发展都需要不断克服挑战。而大学生活对学生来说是一个新的阶段，充满了各种挑战。在大学里，学生会发现课程内容学习更深入、学术要求更高。他们需要理解抽象概念、独立进行研究和写作，应对时间管理的压力，还会面临结交新朋友、适应不同文化和价值观带来的挑战。他们可能会感到孤独、不适应新环境，并因此面临焦虑、沮丧、压力过大和自我怀疑等情绪挑战。

这些挑战并非孤立存在，学生在大学生活中可能会同时面临多个挑战。无论是何种挑战，我们都要采取积极的心态来面对，相信自己有能力克服困难，并相信每个挑战都是一个学习和成长的机会。面对挑战，我们需要设定明确和具体的目标，并对其进行分解，逐步解决。不要害怕寻求帮助和支持，与朋友、家人、同学或专业人士分享你的挑战，并争取他们的支持和建议。与他人合作或与团队合作可以帮助你共同面对困难，并找到更好的解决方案。积极探索新的思维方式，参加培训课程、阅读相关书籍和文章，不断提升自己的能力。针对挑战，采用系统性的方法分析问题，并探索各种可能性，积极寻求解决方案。面对挑战时，应保持坚持不懈的态度。虽然可能会出现挫折和失败，但仍要继续努力，相信自己的能力，持之以恒地朝着目标前进。从每次挫折中汲取经验教训，并调整自己的方法和策略。在克服挑战的过程中，保持良好的自我关爱，给自己适当的休息时间，保持身心健康。认识到自己的边界和限制，并学会在必要时调整计划和目标。每个人面对挑战时都会遇到困难和挫折，但这正是成长的机会。

案例分享

绵阳城市学院学生工作助理中心招聘公告

亲爱的同学们：

绵阳城市学院学生工作助理中心（以下简称中心）是在绵阳城市学院学生工作处的领导下，以实现学生“自我教育、自我管理和自我价值体现”为目标开展学生工作的校级学生组织，是学校联系学生的桥梁和纽带。为进一步加强干部队伍建设，为广大在校同学提供一个展示才华、锻炼自我的平台，中心决定面向全校公开招聘各部门干部。现将具体事宜通知如下：

一、招聘条件

思想进步，守正创新；勤奋好学，乐于奉献；热爱学生工作；组织管理能力和语言文字表达能力较强；服从安排，工作主动；作风正派，严于律己；在广大学生中能起到模范带头作用，具有影响力、感召力；密切联系同学，广泛团结同学，自觉接受监督，善于批评与自我批评，具有良好的群众基础。

二、招聘对象

2021 级、2022 级全体在校在籍学生。

三、招聘部门及人数（见下表）

部门	职务	数量	对应级别
学工助理中心	主任	1	校学生会主席
	副主任	4	校学生会副主席
办公室	主任	1	校学生会各部门正副部长
	副主任	2	

续表

部门	职务	数量	对应级别
活动部	部长	1	校学生会各部门正副部长
	副部长	2	
宣传部	部长	1	
	副部长	2	
事务部	部长	1	
	副部长	2	

四、招聘程序

在招新时间内，申请人将申请表交游仙校区行政楼一楼106室胡老师处、安州校区中心楼805唐老师处。初步筛选之后，进行面试，面试合格后经审核通过者方可进入中心工作。

1. 填写申请表报名。

2. 面试。

（1）简单自我介绍及工作设想（3～5分钟）。

（2）应聘者回答评委问题。

（3）对应聘者某些方面能力有特殊要求的部门，可进行现场测试。

3. 审核、公布确定干部名单。

五、招聘时间及地点

报名时间：即日起至2023年5月31日。

面试时间及地点：待定。

希望各班广泛宣传，同学们积极响应，为组建一个更团结、更有战斗力、更严谨、更负责、更务实的学生组织，为更好地为绵阳城市学院全体师生服务而共同努力。

附件1：绵阳城市学院学工助理中心机构设置及各部门工作职责

附件2：绵阳城市学院学生工作处学工助理中心招新报名表

附件1

绵阳城市学院学工助理中心机构设置及各部门工作职责

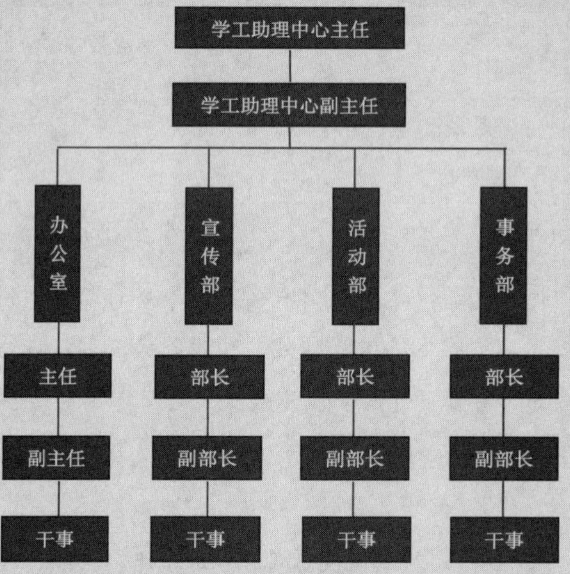

一、办公室职责

1. 负责中心日常会议的策划安排和记录工作、值班安排以及来访接待等工作。

2. 牵头起草中心工作计划、工作总结、会议纪要、汇报材料等，负责日常文件的及时处理，包括收集、记录、传达、反馈、整理、存档等，保证中心文件运转准确及时。

3. 牵头制定修订中心各项规章制度，组织中心干部学习培训，加强队伍建设，统筹开展中心人事建档、工作考核、换届选举、监督检查等具体工作。

4. 负责中心日常事务的协调和管理工作，负责中心物资管理工作，包括物资的维护、保管和发放，建立并严格执行对物资领用的登记审批制度。

5. 负责对外沟通交流、对外拓展合作，并协调中心各部门工作，强化中心工作过程管理。

6. 负责中心其他日常事务工作。

二、宣传部职责

1. 具体落实学生工作处在开展工作、系统活动、组织会议等方面文字、图片材料的采集、撰写以及发布等工作。

2. 负责中心各项活动展板、海报的制作，以及有关学生工作的新闻和活动宣传报道工作。

3. 统筹中心宣传片、宣传活动、工作花絮等相关影像的拍摄、剪辑工作，协调中心干部意识形态工作，负责中心宣传工作的内容建设。

4. 为中心活动提供宣传创意、图文设计，强化过程宣传，统筹协调中心新媒体建设与管理。

5. 完成学生工作处和中心交办的其他宣传工作。

三、活动部职责

1. 牵头起草中心日常活动计划，报相关负责领导审批。

2. 以开展活动为中心，负责中心各项活动的策划，制定详细的策划书。

3. 根据活动策划，负责中心各项活动的组织安排、具体实施。

4. 根据活动开展情况，做好中心各项活动的总结工作。

5. 配合中心完成其他相关工作。

四、综合事务部职责

1. 辅助开展学生日常事务管理工作，包括学生档案的接收整理、统计核对、归类分发，学生证的办理等工作。

2. 辅助开展“国家三金”（国家奖学金、国家励志奖学金、国家助学金）和助学贷款相关工作、协助资助系统信息的录入和维护以及资助育人与评优评奖工作。

3. 辅助开展学生思想教育工作，包括理想信念教育、防范电信诈骗宣传教育、学风教育、诚信教育等，对各学院、生活社区开展学生思想政治教育工作的落实情况进行检查，做好监督反馈工作，加强规范化、制度化建设。

4. 在学生工作处领导下，督查反馈各班级综合素质测评工作开展情况。

5. 配合中心完成其他相关工作。

附件 2

绵阳城市学院学生工作处学工助理中心招新报名表

<table>
<tr><td>姓名</td><td></td><td>民族</td><td></td><td>出生年月</td><td></td><td rowspan="3">照片</td></tr>
<tr><td>班级</td><td></td><td>学号</td><td></td><td>联系方式</td><td></td></tr>
<tr><td>政治面貌</td><td></td><td>学分绩点</td><td></td><td>现任职务</td><td></td></tr>
<tr><td>应聘岗位</td><td></td><td></td><td></td><td></td><td>是否服从调剂</td><td>是 □
否 □</td></tr>
<tr><td>个人简介</td><td colspan="6"></td></tr>
<tr><td>兴趣爱好</td><td colspan="6">□书法 □绘画 □主持 □摄影摄像 □阅读写作 □演讲
□手工艺 □创新发明 □办公软件 □社交 □计算机技术
□运动
□视频剪辑 □动画制作 □志愿活动 □其他</td></tr>
<tr><td rowspan="2">目标规划</td><td>个人</td><td colspan="5"></td></tr>
<tr><td>部门</td><td colspan="5"></td></tr>
</table>